LA FAMILLE

DE

SURVILLE,

OU

LES FRANÇAIS DE TOUS LES RANGS.

Diversité, c'est ma devise

Lafontaine.

AVEC FIGURES.

SECONDE ÉDITION.

Paris,

CHEZ LES PRINCIPAUX LIBRAIRES.

1825.

LA FAMILLE

DE

SURVILLE.

T. IV.

LA FAMILLE

DE

SURVILLE,

OU

LES FRANÇAIS DE TOUS LES RANGS,

ROMAN HISTORIQUE;

PAR UN INVALIDE,

AUTEUR DES LOISIRS D'UN FRANÇAIS.

Diversité, c'est ma devise.

LAFONTAINE.

SECONDE ÉDITION.

TOME QUATRIÈME.

Paris,

IMPRIMERIE DE SÉTIER,

COUR DES FONTAINES, N° 7.

1825.

LA FAMILLE
DE
SURVILLE.

CHAPITRE PREMIER.

Les armées françaises de 1806 ont lavé la honte de celles de 1757 : la colonne de Rosbach, destinée à perpétuer le souvenir de notre défaite, atteste en ce moment notre victoire : on la transporte à Paris. Les Prussiens, poursuivis l'épée dans les reins, demandent avec instance une suspension d'armes ; mais on se rappelle les champs d'Austerlitz, où une semblable condescendance, de notre part, sauva l'armée russe d'un entier anéantissement ; la conduite du Cabinet de St.-Pétersbourg est encore équivoque, et nous suivons le cours de nos succès.

Nous nous emparons de Leipsick, de Halle, des positions de Diénitz, de Peissen et de Rabotz; l'ennemi, battu sans relâche, perd 2 généraux, 3 colonels, 5,000 hommes, et continue sa retraite; des magasins abondans, d'immenses richesses, sont abandonnés à nos troupes. Les vaincus se retirent vers Magdebourg; cette place importante est bientôt bloquée par les vainqueurs, et les corps ennemis qui n'ont pu y trouver accès, cherchent à se rallier derrière l'Oder. Enfin, après dix-huit jours de campagne, nos armées entrent à Berlin et à Postdam. Napoléon visite le Palais de *Sans Souci*, où la chambre du Grand Frédéric est encore meublée et tendue comme au jour de sa mort; là il réfléchit quelques instans; se rappelant peut-être ces mots du Monarque philosophe: « *Si j'étais Roi de France, il ne se tirerait pas un coup de canon en Europe, sans ma permission.....* »

La citadelle de Spandau, dont les

approches sont inondées de toutes parts, capitule avec 12,000 hommes. Quelques corps français se dirigent vers la Pologne; cette nation réclame son indépendance : Bonaparte s'en fait un allié; pendant ce temps, à Vigneensdorf, les gendarmes du roi, attaqués par notre cavalerie, sont jetés dans un lac, et nous abandonnent 5oo chevaux et 4 étendards. A Prentzlow, où se trouvent les débris de l'armée prussienne, le prince Hohenlohe se rend à discrétion avec 16,000 hommes, 45 drapeaux et 6'4 pièces de canon; le prince de Mecklembourg Schwerin, ainsi que le reste de la garde royale, est de ce nombre.

Six milles hommes nous rendent les armes à Passevalk.

Custrin et Anklam se soumettent : dans cette dernière ville, un régiment du roi, composé de 4,000 hommes qui, dans la guerre de sept ans, avait reçu de l'Impératrice Catherine, des peaux de tigres, en récompense de sa belle conduite, tomba, sans coup férir, en notre pouvoir.

Un volume ne pourrait suffire à la relation des succès de cette campagne. Déjà toute la Prusse est parcourue; nous occupons les rives de l'Oder, et notre cavalerie, reçue avec joie par le peuple polonais, fait son entrée à Posen; chaque habitation est pavoisée d'inscriptions et de drapeaux aux couleurs nationales; les dames, couvertes des plus riches vêtemens, paraissent aux fenêtres et applaudissent à l'arrivée des français; les nobles ont repris leur antique costume : entourés de leurs vasseaux, enivrés d'espérance et de bonheur, faisant retentir les airs de leurs cris d'enthousiasme, et nous bénissant comme leurs libérateurs, ils se pressent sur notre passage; plusieurs d'entre eux, couverts des armes de leurs ancêtres, d'autres à peine équipés, viennent solliciter l'honneur de marcher dans nos rangs.

Près de Wismar, le général prussien

Husdunne se rend , après une faible résistance , avec deux brigades de hussards et deux bataillons de grenadiers. Magdebourg capitule : nous trouvons dans cette place 22,000 hommes et 800 pièces de canon.

Près de Crevis-Mulen , l'arrière-garde ennemie est attaquée par notre infanterie et, pour la première fois , on voit des voltigeurs fantassins poursuivre à outrance la cavalerie , qui finit par leur demander quartier , après avoir perdu mille hommes et sept pièces d'artillerie.

Seize cents Suédois , auxiliaires des Prussiens , veulent s'embarquer sur la Trave ; leurs bâtimens sont coulés à fond : ils se rendent.

Une autre de nos colonnes s'empare de trois cents voitures de bagages et équipages de guerre.

Blucker occupait la place de Lubeck ; nous l'attaquons avec intrépidité, et, malgré les formidables batteries prussiennes, les portes de cette ville sont enfoncées, les Français les franchissent avec la rapidité de l'éclair ; rien ne peut arrêter l'impétuosité de leur attaque : l'ennemi prend la fuite, nos braves le poursuivent sur des monceaux de cadavres ; chaque rue, chaque place, chaque détour devient un nouveau champ de bataille, et le sol est partout jonché de morts. Il ne reste plus que quatre mille hommes à nos adversaires, qui se rendent, et nous cèdent, avec leurs armes, soixante pièces de canon.

Le Roi de Prusse avait encore demandé une armistice ; elle lui fut accordée, et nos troupes prirent des quartiers d'hiver.

Cependant plusieurs jours se passèrent, sans que le Monarque ratifiât le traité signé par les plénipotentiaires ; on cessa d'être surpris de ce retard, lorsqu'on apprit qu'une formidable armée russe, qui occupait déjà Varsovie, arrivait à son secours. La campagne s'ouvrit de nouveau : Bonaparte part de Berlin, et arrive bientôt à Posen. Le maréchal

Duroc envoyé à Osterode, y trouva le roi de Prusse, qui lui fit connaître son refus de signer la capitulation. Pendant ce temps, nos troupes marchaient en avant, renversaient tous les obstacles, et remplaçaient les Russes dans la capitale de la Pologne.

Les armées alliées célèbrent l'arrivée des généraux Buxhowden et Kaminski par des fêtes dont les illuminations sont aperçues de quatre lieues à la ronde; l'armée française profite du moment de ces réjouissances pour passer la Narew, et se retranche vers l'embouchure de la Wika; le lendemain, lorsque l'ennemi se présente à cette position, il reconnaît son impéritie; un pont est établi sur la Narew; les alliés veulent s'opposer, avec quinze mille hommes, au passage des Français dirigés sur ce point, et sont culbutés après une vive fusillade, pendant que, d'un autre côté, les débris de l'armée prussienne, après une dernière défaite, se jettent en désordre dans les bois de Lauterbourg.

Nous passons la rivière de Kursom, après avoir fait un mal horrible à nos adversaires. A Lopaczin, un de leurs régimens tout entier est précipité dans la rivière ; à Lycokzin, ils perdent deux cents voitures de bagages ; à Biezun, six mille des leurs sont jetés dans les marais, et nous abandonnent leurs étendards ; enfin, à Pultsnuck, partout où elles sont atteintes, leurs colonnes, vaincues et dispersées , nous cèdent la victoire. Les Russes, dans ces différens engagemens, éprouvèrent une perte de douze mille hommes, tués, blessés ou prisonniers, et de quatre-vingt pièces de canon. A cette époque, les deux armées alliées se trouvant repoussées à plus de quarante lieues, Bonaparte fit prendre à la sienne de nouveaux quartiers d'hiver.

Breslau, depuis long-temps assiégée, venait enfin de se rendre, et des combats partiels occupaient encore nos troupes dans leurs cantonnemens. A Morhingen, une affaire sanglante vint encore exercer notre valeur : les Français, impatientés de ce que les Russes troublaient sans cesse leur repos, et irrités, cette fois, de leur résistance opiniâtre, en firent une effroyable boucherie : la nuit seule mit fin au carnage.

Plus tard, on s'empara de vive force de Willemberg ; non loin de là, sur les bords de la Vistule, l'ennemi, s'étant encore rallié en force, voulut attaquer nos troupes, et couvrit le champ de bataille de ses morts. Bientôt Eylau vint offrir un nouveau spectacle de destruction.

Cette mémorable bataille fut livrée, le 8 février, à la pointe du jour. La division St.-Hilaire formait la droite de l'armée, Augereau formait la gauche, la division Legrand était en avant d'Eylau ; Davoust devait déborder le flanc gauche des alliés, Ney tenter la même opération sur leur flanc droit, et le duc de Berg, à la tête de la cavalerie, se porter où sa présence deviendrait nécessaire. L'ennemi commença l'attaque par une très-forte canonnade dirigée sur Eylau. Nous fîmes, au même moment, pointer notre artillerie sur les colonnes serrées des Russes; de part et d'autre, le feu fut entretenu avec un acharnement épouvantable : tous les coups portèrent, et la mort parcourut rapidement les deux lignes opposées.

Toute l'armée russe réunit ses efforts sur un moulin d'où elle espérait enlever la ville ; 40,000 Français furent obligés de soutenir assez long-temps ce formidable choc. La position devenait critique ; St.-Hylaire reçut l'ordre de se porter sur l'extrême gauche des Russes et de réunir ses efforts à ceux de Davoust dont on entendait les voltigeurs sur les derrières de l'ennemi ; Augereau, de balayer les tirailleurs russes qui venaient déjà jusqu'au monticule d'un cimetière dont nous nous étions emparé la veille , et d'établir une ligne oblique avec St.-Hylaire, se prolongeant vers la position du maréchal Davoust. A l'instant où on effectuait ces mouvemens, une neige épaisse, tombant par gros flocons, couvrit les deux armées et répandit partout une profonde obscurité. Le point de direction fut perdu, nous opérâmes une fausse manœuvre, et le retour de la lumière nous prouva que le succès de cette bataille était compromis. De prompts et rapides moyens pouvaient seuls racheter cette faute involontaire : une charge générale est ordonnée ; Bessières se met à la tête de la garde à cheval, Murat prend le commandement de toute la cavalerie ; tous deux débordent audacieusement le corps de St.-Hylaire, et se précipitent comme la foudre sur l'armée russe. Son infanterie est culbutée, son artillerie enlevée, le massacre devient terrible ; plus de 20,000 Russes sont contraints d'abandonner leurs pièces, nous recouvrons l'avantage que nous avions perdu. Une colonne de 5ooo russes qui s'était également égarée dans l'obscurité, se présenta vers le cimetière, fut chargée à la baïonnette, et périt presqu'entièrement. Enfin, Davoust enleva le plateau occupé par la gauche de l'armée russe, couronna cette position à trois heures, trois fois l'ennemi tenta de la reprendre, trois fois il fut repoussé. Notre ligne étant appuyée par sa droite à Eylau, et par sa gauche à un bois dont les alliés venaient d'être chassés, nous demeurâmes maîtres du champ de bataille.

Après avoir éprouvé de nouvelles attaques encore, l'ennemi se mit en pleine retraite, et se retira sur Kœnigsberg; sa perte s'éleva à 7000 morts et à des milliers de blessés; 24 pièces de canon et 16 drapeaux restèrent en notre pouvoir.

Le lendemain de cette victoire, chèrement payée par la perte de deux mille Français, le Général en chef passa en revue quelques divisions sur ce même champ de bataille. La plaine était entièrement couverte de neige dont la blancheur formait un contraste effrayant avec les traces du sang répandu la veille. Gardés par quelques pelotons français, des prisonniers russes parcouraient le champ de carnage, et s'arrêtaient en silence devant les carrés, encore formés, de leurs frères d'armes gisant à leur poste. Là les morts couvraient les mourans ; les cris plaintifs des blessés, le bruit éloigné de quelques coups de canon, répétés par les échos, les croassemens des oiseaux de proie, les murs en ruine de l'église et du cimetière d'Eylau : tout enfin, dans cette scène, concourait à inspirer une horreur inexprimable.

Des obstacles sans nombre vinrent alors contrarier nos opérations : l'intempérie de la saison, les nombreuses rivières qui coupent ce pays, les bois, les marais, vinrent contribuer à ralentir notre activité. De nouveaux avantages cependant honorèrent encore nos armes à Marienwerder, à Schveidnitz, à Glatz, à Ostrolenka où la cavalerie russe, taillée en pièces par la nôtre, laissa 1300 morts et s'enfuit en désordre : enfin notre armée, victorieuse en Prusse, en Poméranie, et en Pologne, prit encore une fois ses quartiers d'hiver, qui furent bientôt troublés de nouveau.

Une division russe s'était portée sur Braunsberg; nous attaquâmes cette place; l'ennemi, forcé de déloger et de repasser la Parsage, après avoir laissé la ville jonchée de ses cadavres, nous abandonna deux mille prisonniers et seize pièces de canon.

Les Russes éprouvent d'autres pertes encore à Zechern, à Willemberg; mais la plus considérable fut sans doute celle de Danzick. Cette ville, après un long siége, pendant lequel le maréchal Lefèvre et ses troupes se couvrirent de gloire, capitula, et nous reçut possesseurs de huit cents pièces d'artillerie, de cinq cent mille quintaux de grains, de magasins immenses de draps et de ressources de toute espèce pour notre armée.

Peu après, les Russes, battus de nouveau à Spanden, au pont de Lomitten, à Althkirken, Amt et Guttstadt, sont bloqués de toute part.

Le 12 juin 1807, l'armée française entre à Heilsberg. L'ennemi est poursuivi sur la rive droite de l'Alle, dans la direction de Barteinsten, et sa retraite sur Kœnigsberg est coupée ; le même jour, le quartier général français se porta à Eylau : les champs n'étaient plus couverts de neige ; parés alors de verdure, coupés de bois, de lacs brillans, de jolis villages, ils offraient les plus beaux sites que l'été puisse embellir.

Le Général en chef, après avoir ordonné au duc de Berg, aux maréchaux Soult et Davoust, de manœuvrer sur Kœnigsberg, marcha en personne à la tête des corps des maréchaux Ney, Lannes, Mortier et Victor, sur Friedland.

Le 13, le neuvième régiment de hussards entra dans cette ville, et en fut chassé par trois mille hommes de cavalerie russe.

Le 14, l'ennemi déboucha sur le pont de Friedland, à trois heures du matin, et des coups de canon se firent entendre. « *C'est un jour de bonheur*, s'écria Napoléon, *c'est l'anniversaire de Marengo !* » Lannes et Mortier furent les premiers engagés ; l'ennemi, voulant continuer son mouvement sur Kœnigsberg, fut chargé courageusement par nos dragons et nos cuirassiers, qui lui enlevèrent quatre pièces de canon.

A cinq heures et demie, le maréchal Ney se mit en mouvement ; une salve d'une batterie de vingt pièces d'artillerie fut le signal de l'attaque. Le général Marchand, soutenu par le général Bisson, fit avancer sa division, l'arme au bras, vers l'ennemi. Les Russes, voyant le corps du maréchal Ney quitter le bois où sa droite était d'abord appuyée, le débordèrent soudain avec plusieurs régimens de cavalerie, précédés d'une nuée de Cosaques; le général Latour-Maubourg forma sa division au galop sur la droite, et repoussa les charges ennemies. Cependant le général Victor fit placer trente pièces de canon en avant de son centre; cette artillerie ayant fait encore quatre cents pas, mit en batterie, et fit éprouver une horrible perte aux alliés. Les différentes démonstrations que les Russes voulurent faire pour opérer une diversion, furent inutiles; plusieurs de leurs colonnes s'étant portées sur la droite du maréchal Ney, furent chargées à la baïonnette, et précipitées dans l'Alle; des milliers d'hommes y trouvèrent la mort.

La gauche du Maréchal était ébranlée; la division de droite de la réserve marche aussitôt sur la garde impériale russe, embusquée derrière les ravins

qui entouraient Friedland ; l'ennemi tire
de sa réserve et de son centre des troupes pour défendre cette ville ; vains
efforts : elle est prise ; les rues sont
obstruées de morts et de mourans. Plusieurs charges d'infanterie et de cavalerie
russes s'opérèrent encore contre nous
avec une bravoure digne d'éloge ; mais
elles ne purent rien entamer : les plus
vaillans, au nombre de 15 à 18,000, trouvèrent le trépas sous nos baïonnettes,
25 de leurs généraux furent tués, blessés, ou prisonniers. La nuit n'empêcha
point de poursuivre l'ennemi ; on le
harcela jusqu'à onze heures du soir.
Celles de ses colonnes qui avaient été
coupées, essayèrent à plusieurs gués de
passer l'Alle, à la faveur de l'obscurité ;
le lendemain nous trouvâmes une quantité considérable de caissons, de voitures
et de canons perdus dans la rivière.

Quelques jours après cette victoire,
le Général en chef et son armée s'éta-
blirent à Tilsitt et aux environs ; on parla

d'armistice; le commandant de l'armée russe en proposa la conclusion, qui fut momentanément adoptée jusqu'à la ratification de l'Empereur Alexandre. Enfin la paix fut conclue sur un radeau placé au centre du Niémen entre les deux armées.

Nos troupes passèrent encore quelque temps en Pologne; Charles qui, pendant toute cette campagne, n'avait cessé de se faire remarquer dans les endroits les plus périlleux, et par les plus belles actions, avait reçu le grade de lieutenant après la bataille de Jéna, et venait d'être nommé capitaine, par suite de sa conduite à Eylau; St.-Paul, de son côté, avait obtenu l'étoile de la légion d'honneur, et se trouvait également placé à la tête d'une compagnie. Leur régiment vint prendre ses cantonnemens à Lowiez, petite ville distante de trente lieues environ de Varsovie, du côté de Rava. Notre jeune héros ne changea malheureusement rien à sa conduite de garnison : introduit bientôt dans les meilleures sociétés de la ville et des châteaux environnans, il redevint un objet de désordre parmi les femmes à prétentions, et un être fort dangereux pour les agnès. St.-Paul, qui voyait avec peine la conduite dissipée de son élève, avait plusieurs fois tenté de le rendre à la raison, mais vainement. Se promenant un jour avec lui sur les bords du ruisseau de Bzura, il crut devoir encore essayer sur son esprit l'influence de ses conseils :

« Savez-vous, de Belmont, que votre réputation s'accroît de jour en jour ; on dit que vous avez eu la gloire de vous faire écouter de la belle Tékla, et que le Prince qui la protège, grâce à vos soins, vient de l'abandonner.

— Il a tort : voilà huit jours que je n'ai vu cette héroïne, et je l'avais oubliée.

— J'aurais dû m'en douter. Vous allez souvent maintenant dans la famille du comte Lobenski ?

— N'est ce pas en effet un séjour délicieux que cette maison ? quatre filles
charmantes, pleines de grâce et de talens !... A propos, mon ami, félicitez-
moi, Lisinska à découvert que j'ai une
voix agréable, elle m'enseigne le chant
et la guitare. J'ai déjà fait, à ce que
m'a dit sa sœur Maria, des progrès éton-
nans ; d'un autre côté, la jeune femme
du vieil Hospodard, leur voisin, m'ap-
prend à dessiner le paysage, et, dans
chacun de nos sujets, au lieu d'oiseaux
ou de personnages champêtres, nous
trouvons moyen de placer des petits
amours avec des armes de hussards, ce
qui me rappelle le fameux tableau fla-
mand, où Abraham est armé d'un fusil
pour le sacrifice.

— Tout cela vous semble le mieux du
monde, mon ami ; vous ignorez peut-
être que Tékla, les demoiselles Lobenski
et la jeune épouse de l'estimable Hospodard, sont déjà devenues la fable de
toute la société, à quatre ou six lieues

à la ronde ; que déjà plusieurs maisons respectables leur sont fermées, et que votre conduite vous attire, à votre tour, l'indignation de tous les gens de bien.

— Vous plaisantez sans doute, St.-Paul ? je suis reçu, invité, fêté partout.

— Cela prouve seulement, mon cher, que ce monde n'est pas toujours dirigé par les plus sages. Vous êtes étranger, les Polonais se font un devoir sacré de l'hospitalité ; ils tiennent encore à l'honneur de recevoir noblement ceux qu'ils considèrent comme leurs libérateurs ; mais soyez assuré qu'ils savent distinguer l'honnête homme, le brave militaire, de celui qui se fait un jeu de la séduction, qui, après avoir perdu la réputation de plusieurs familles, s'éloignera bientôt de ses victimes, ne leur laissant que la honte et la douleur.

— Je ne pense pas, St.-Paul, que vous ayez l'intention de me placer dans cette dernière catégorie.

— C'est pourtant votre conduite qui m'inspire ce langage, Charles.

— Vous avez donc voulu m'insulter?

— Non, mais je désire vous éclairer sur les suites funestes que peuvent avoir vos inconséquences. Charles, vous n'êtes pas né méchant; vous ne pouvez souhaiter le malheur de celles qu'un moment de faiblesse aurait mises en votre pouvoir. Au fait, quelle gloire peut résulter des sentimens qu'on inspire, lorsqu'on ne les doit qu'à la duplicité? On ne peut que s'applaudir d'une supériorité dans l'art de faire des mensonges, et on se met ainsi au niveau des hommes les plus abjects.

— Cela est trop fort, quels sont ceux qui m'accusent?

— Je vais vous le dire : hier je me promenais avec la bonne, la charmante princesse de Radziville, dans son divin jardin d'Arcadie; nous avions parcouru son élysée, ses cirques, ses amphithéâtres romains; nous avions visité le temple de crystal et celui de marbre de Carrare, tous deux dédiés à l'amour; nous avions vu les ruines différentes dont elle a orné ce séjour délicieux, ces thermes, embellis de vases, de statues, objets ravis à l'ancienne Grèce, et que ses mains savantes ont distribués avec un goût qu'elle seule possède : nous étions enfin arrivés dans une espèce de boudoir, enseveli sous les ruines d'un cloître, dans lequel on ne s'introduit qu'avec d'extrêmes précautions et qu'elle nomme son *Todi*, lorsqu'après m'avoir fait asseoir sur des coussins entassés, elle me dit que je pouvais me considérer comme dans un lieu sacré, sanctuaire de l'amitié, où jamais elle n'avait introduit que les personnes auxquelles elle avait accordé une parfaite estime. « Oui, ajouta-t-elle, avec mes cheveux blancs et mes douze lustres, je veux choisir mon monde. » Je la remerciai de l'honorable préférence qu'elle daignait m'accorder, et je sollicitai la faveur de vous présenter à elle, dans son palais de Niéboroff, où nous avons placé des *sauvegardes*. Elle me répondit aussitôt, avec toute la franchise qui la caractérise, qu'elle ne pouvait consentir à ma demande. « Votre ami que j'ai déjà remarqué, me dit-elle, paraît du nombre de ces jeunes présomptueux qui font consister tout mérite dans l'art de se bien battre, ou de tourner quelques sots complimens à des femmes bien niaises ou bien coquettes. Depuis longtemps ayant renoncé à la prétention de plaire par les charmes extérieurs, j'ai rassemblé à Niéboroff toutes les plus belles personnes que j'aie rencontrées dans mes domaines. Une fois là, elles deviennent mes filles : en attendant que je les marie, je soigne moi-même leur éducation : je leur montre la musique, le dessin, la broderie ; je leur enseigne sept langues que je possède, et je tâche de leur apprendre à penser. Comme je ne puis compter entièrement sûr moi pour cette dernière partie de leur instruction, je ne reçois chez moi que des gens en état de me seconder; vous voyez que votre M. de Belmont n'est pas du tout ce qu'il me faut, et je n'aurais recours à lui que dans le cas où je voudrais remplacer par le trouble et le désordre, la bonne intelligence et l'heureuse paix qui règnent dans ma maison. »

— Vous conviendrez, St.-Paul, que la Princesse me traite un peu sévèrement?

— Je ne sais.

— Quoi! seriez-vous de son avis?

— Vous ne vous attendez pas à des flatteries de ma part, je pense?

— Non, mais vous devez être juste.

— Alors vous devez craindre ma réponse.

— Voilà! on n'est plus bon à rien quand on a l'esprit de plaire aux femmes; je conçois qu'il est terrible de ne pas être admis chez la princesse de Radziville, au milieu de toutes les beautés qui l'entourent, je me fais de son cercle la plus séduisante image; mais ses domaines ne sont pas seuls abondans en jolies personnes : toute la Pologne en est remplie; toutes les femmes ici ont une fraîcheur! une grâce! un esprit!.... et quelle tournure! quels yeux! quel sourire! ah!..... il est bien difficile d'être sage dans une pareille contrée..... Pour comble de malheur, elles parlent toutes notre langue, c'est comme un fait exprès....... Je veux pourtant devenir raisonnable, afin de me faire admettre chez la Princesse; elle verra que mon esprit n'est pas si rétréci qu'elle veut bien le dire. Je lui parlerai, à notre première entrevue, de la tactique de Guibert, du Maréchal de Saxe, et des commentaires de César.

— Voilà sans doute de quoi la ravir. Elle vous entretiendra peut-être à son tour des systèmes différens des philosophes de l'antiquité, et des doctes écrits des pères de l'église : que lui répondrez-vous ?

— Que c'est une femme admirable, et que je suis son serviteur........ Allons dîner.

CHAPITRE II.

St.-Paul voyait clairement que Charles ne goûtait pas les conseils salutaires qu'il venait de lui donner. Cependant l'amour-propre du jeune homme avait été piqué de l'opinion défavorable qu'avait de lui la princesse de Radziville : cette Dame était partout révérée, chérie; ses vertus, ses talens, ses profondes connaissances, la rendaient, à juste titre, un objet de vénération et de respect dans toute l'étendue de sa suzeraineté. Elle s'en doutait, aussi ne se prononçait-elle que rarement, et lorsqu'il s'agissait des réputations, ses jugemens avait toujours pour principe d'encourager la vertu ou d'humilier la vanité. Toutefois l'indulgence présidait assez ordinairement à ses sentences; contre l'usage des femmes habituées à recevoir tous les genres d'hommages, elle se consolait de vieillir, aimait les jeunes gens, se plaisait à leur donner de bons avis, et leur pardonnait de ne pas toujours les suivre; l'ingratitude seule la trouvait inexorable, à moins qu'elle ne blessât que ses propres intérêts. Dans ce pays où tout ce qui n'est pas noble ou négociant, est soumis au plus honteux esclavage, cette Princesse adoucissait la servitude de ses sujets, au point de leur ôter tout désir de la liberté. A soixante ans, sa physionomie avait toute la vivacité de la jeunesse; de beaux cheveux, blancs comme l'ivoire, tombaient en boucles sur son front où nulle ride n'osait encore paraître; de grands yeux bleus, animés de la plus douce bienveillance, annonçaient toute la bonté de son âme; sa taille, au-dessus de la moyenne, était fort belle, et sa voix avait une douceur qu'aucune autre ne pouvait égaler. Adorée de ses amis, vénérée de ses sujets, elle faisait le bonheur de tous. Telle était la personne dont Charles avait encouru la disgrâce.

Il désirait réparer le tort qu'il s'était fait dans l'esprit de cette dame; mais il fallait en trouver une occasion favorable, et la chose ne lui était pas facile : il ne pouvait se présenter chez elle. Il réfléchissait aux moyens qu'il fallait prendre, lorsqu'on lui remit une lettre de son cher Georges.

« Mon Charles, je viens d'apprendre
» que tu es cantonné à Lowiez; moi je
» suis à Varsovie, où je me guéris de trois
» coups de sabre que j'ai reçus avec le
» brevet de lieutenant dans les dernières
» affaires. Depuis que je t'ai vu, j'ai eu
» une lettre de M. de Surville, qui se
» plaint de ce qu'il n'a pas reçu ta visite,
» ainsi que je lui avais fait espérer; il dé-
» sire savoir si tu vis encore; j'attendrai

»que tu m'écrives pour lui répondre à
»ce sujet. Il m'annonce qu'il vient d'en-
»trer en qualité de secrétaire chez un
»ancien piqueur de sa maison, qui, à
»ce qu'il paraît, a hérité d'une fortune
»considérable, provenant d'une vieille
»dame à laquelle, depuis plusieurs an-
»nées, il avait rendu de très-grands ser-
»vices, et qui est morte à la suite d'une
»discussion avec lui sur la position de
»Roncevaux qu'elle plaçait en Suisse. C'est
»une drôle de chose à voir que la ma-
»nière dont le monde se retourne :
»voilà le valet devenu le chef du maître ;
»comme toi que j'ai formé, tu es de-
»venu mon supérieur. J'ai écrit en Fran-
»che-Comté pour m'informer des an-
»ciens amis de ton enfance et des miens :
»je n'en reçois aucune nouvelle ; j'avoue
»qu'il me tarde de revoir la France, afin
»de m'assurer par moi-même s'ils sont
»morts ou vivans ; le Comte me dit ce-
»pendant qu'il a vu M. Robert, qui doit
»se marier avec mademoiselle Thérèse ,

» une jeune fille que tu as vue à Dijon,
» et que tu as sans doute oubliée. Il ne me
» parle pas de madame Germain ni de son
» mari : ces grands seigneurs croient tou-
» jours se compromettre, en s'occupant
» de leurs serviteurs, à moins qu'ils ne
» deviennent eux-mêmes leurs secrétai-
» res. Mais en voilà assez pour les absens.
» Que fais-tu ? comment passes-tu tes
» journées ? Sans doute à manœuvrer, à
» exercer ta compagnie. T'occupes-tu
» beaucoup de la tenue, de l'équipement,
» de la nourriture de tes hommes et de
» leurs chevaux ? Un bon officier doit pro-
» fiter des jours de repos pour travailler
» au ravitaillement de ses subordonnés;
» il faut qu'après huit jours de station,
» on puisse considérer les hussards
» comme des troupes fraîches, en état de
» se remettre en campagne pour une an-
» née, sans qu'il leur manque un bou-
» ton. J'espère que tu n'es plus amou-
» reux..... Corbleu ! garde-toi bien de
» cette maudite maladie, si tu ne veux

» devenir le plus sot, le plus malheureux
» des hommes : il est bon de te dire d'ail-
» leurs que j'ai pensé à une femme pour
» toi. Je ne m'explique pas davantage;
» quand nous serons en France, tu la
» verras. Je le répète, je voudrais déjà
» me revoir dans cette belle et joyeuse
» patrie; je n'aime pas ce pays, il est trop
» froid : les sables qui en forment le sol
» ne conviennent pas à nos chevaux; on
» ne voit ici ni prairie, ni montagnes; des
» serfs partout travaillant à trois liards par
» jour, sous le fouet ou le bâton, comme
» les plus viles bêtes de somme.

» Profitant des premiers jours de ma
» convalescence, je fus dernièrement en-
» traîné par mes camarades dans le châ-
» teau d'un grand seigneur polonais, qui
» mit aussitôt tout en œuvre pour nous
» fêter à la mode du pays : les plus belles
» filles des villages environnans soumis à
» sa puissance, furent amenées par ses
» majordomes, dans une salle de bain, et
» remises au pouvoir de quelques vieilles

» drôlesses ; là , après une cérémonie con-
» forme à la destination du lieu , ces mal-
» heureuses, ou du moins que je croyais
» telles, furent revêtues de courtes robes
» de lin , et conduites dans la salle où
» nous dînions, pour être offertes à notre
» choix : tous les convives, excepté moi ,
» s'emparèrent de l'une d'elles ; celle qui
» resta, pleurant à chaudes larmes, sor-
» tit humiliée de mon refus ; tandis que
» ses compagnes paraissaient heureuses
» et ravies du sort qui leur était des-
» tiné !..... La nuit entière se passa dans
» la plus affreuse débauche, la plus dé-
» goûtante orgie : je m'éloignai de cette
» demeure, faisant le serment de ne ja-
» mais me retrouver à pareille fête.
» Garde-toi bien des connaissances mâles
» que tu pourrais faire dans tes canton-
» nemens et fuis les femelles comme la
» peste.

» J'oubliais de te recommander de ne
» point te fier aux Juifs de ce pays :
» comme ils sont ici beaucoup plus mé-

» prisés que partout ailleurs, ils y de-
» viennent aussi de plus en plus mépri-
» sables ; l'escroquerie paraît être reçue
» parmi eux, comme l'usage du tabac
» parmi les Allemands et les Hollandais ;
» ils sont au reste si sales , que je doute
» que tu consentes à les approcher, quel
» que soit le besoin que tu pourrais en
» avoir. J'espère que la ville que tu ha-
» bites n'est pas, ainsi que plusieurs que
» j'ai vues , entièrement habitée par eux,
» autrement je te conseillerais de conti-
» nuer à bivouaquer comme si tu étais
» encore en campagne. Adieu , mon cher
» Charles , ma lettre est bien longue. Que
» veux-tu ? j'aime à causer avec toi ,
» comme j'aime aussi à recevoir de tes
» nouvelles. Écris-moi donc , cela peut
» hâter le retour de mes forces ; aime-
» moi toujours comme je t'aime, et ne
» cesse jamais d'être sincère avec ton
» ami, ton meilleur ami , KNOPF. »

Charles lut avec plaisir cette lettre ,
mais se sentit néanmoins un peu hu-

milié de n'avoir, jusqu'à ce jour, songé sérieusement ni aux détails de sa compagnie ni à ceux de son instruction particulière; cela lui rappelait la critique amère de la Princesse; un événement vint encore la justifier.

Le Colonel ayant passé la revue de son régiment quelques jours après, Charles fut mis aux *arrêts de rigueur* pour la négligence qu'il avait apportée dans l'inspection de ses hussards.

« Je vois que j'ai eu tort de vous croire un prodige, lui dit son chef, vous ne savez que vous battre, et ce mérite d'un soldat ne suffit pas pour faire un bon officier. Si vous ne parvenez à mieux servir, je serai contraint de laisser commander cette compagnie par votre lieutenant, et de vous envoyer au dépôt pour vous faire instruire de nouveau par d'anciens maréchaux des logis. Vous êtes trop jeune, M. de Belmont, et j'ai fait une faute grave en précipitant votre avancement. » Cette sévère mercuriale lui fut adressée en présence de plusieurs de ses camarades et le couvrit de confusion. Jusqu'à ce moment il s'était vu traité en véritable enfant gâté : orphelin dès la plus tendre enfance, réunissant à l'âge de l'adolescent la gaîté d'un homme aimable et la valeur d'un vieux soldat, il devait inspirer de l'intérêt à quiconque n'était pas jaloux de ces avantages ; mais il n'avait point encore eu de responsabilité ; sa position actuelle nécessitait la conduite réfléchie d'un homme mûr, elle ne pouvait donc lui convenir. Cependant rendu dans son appartement, à la porte duquel une sentinelle avait été placée, il songea sérieusement à se réhabiliter dans l'esprit de son Colonel.

Ses arrêts devaient durer quinze jours, c'était quinze siècles pour lui ; il fallait pendant tout ce temps renoncer à voir la sémillante épouse du vieil Hospodard, l'aimable Lisinska, et sa charmante sœur Maria, jeune personne d'un esprit exalté, dont les tendres discours de Charles avaient su triompher. St.-Paul seul avait le droit de s'introduire dans la chambre de notre prisonnier, et lui apportait les lettres à son adresse, ainsi que les nouvelles qui circulaient dans la petite ville et les environs. Il lui apprit, au bout de quelques jours, que d'abord on s'était beaucoup amusé dans le monde de sa captivité, mais qu'une plaisanterie faite par M. le comte de Lobenski à sa famille, venait d'avoir des suites bien cruelles : ses demoiselles s'étonnaient de ce que Charles n'avait point paru depuis quatre jours au château. « Comment! leur dit le Comte, d'un ton fort sérieux, vous ne savez donc pas ce qui est arrivé ? A votre tristesse pourtant je jugeais que vous étiez instruites. Ce pauvre M. de Belmont,.... il a eu le malheur d'insulter son Colonel, et sur-le-champ il a été condamné à mort et exécuté.» A peine avait-il prononcé ces paroles, que Lisinska perdit connaissance et que Maria tomba sans vie aux pieds de son père; ce fut en vain qu'on prodigua des se-cours à celle-ci, elle avait exhalé son dernier soupir. Le Comte, au désespoir après cet événement, voulait lui-même attenter à ses jours; mais bientôt toute sa colère se dirigea contre le véritable auteur de ses maux; il ne doutait plus que Charles n'eût abusé de sa con-fiance, et que deux de ses filles n'eussent à gémir de leur credulité et peut-être de leur déshonneur. Il venait d'ordon-ner que Lisinska, quoique très-souf-frante, fût à l'instant conduite dans un couvent : il attendait avec impatience la fin des arrêts du suborneur de cette in-fortunée, afin d'en tirer une éclatante vengeance ou de mourir de sa main. Tel fut le récit de S'.-Paul.

Cette nouvelle fit sur Charles une im-pression difficile à décrire; une soudaine pâleur avait couvert ses joues; un trem-blement nerveux s'était emparé de tous ses membres : enfin d'abondantes larmes venaient de s'ouvrir un passage et coulaient par torrent sur sa poitrine. St.-Paul le considérait avec attention et semblait jouir intérieurement d'une certaine satisfaction en retrouvant dans son jeune ami une sensibilité dont on pourrait faire ce digne usage, de le soustraire à de nouvelles erreurs.

« Ce n'est pas encore tout, ajouta-t-il, votre maîtresse de dessin est venue ce matin se confier à moi : elle est décidée à quitter son vieux mari pour vous suivre partout où vous voudrez la conduire ; elle doit, aussitôt que la sentinelle ne sera plus à votre porte, se rendre près de vous, avec sa fortune en portefeuille, se montant je crois à une centaine de ducats, et un poignard dont elle espère, m'a-t-elle dit, se servir si jamais vous l'abandonnez, j'ignore contre qui.

—Oh ! répondit Charles, en continuant de pleurer, on peut bien me mettre aux arrêts pour toute ma vie, car je ne veux jamais revoir cette femme ni aucune autre.......... Pauvre petite Maria !........ son père peut m'appeler en duel, il sera satisfait, je ne me défendrai pas ; il fera bien de ne pas m'épargner, je suis un misérable !........

—Il paraît aussi que le Colonel a fait un terrible rapport contre vous au Général ; il était question hier, à l'état-major, de vous placer à la suite du régiment, sans commandement, sans compagnie, comme *officier sans troupe ;* cela serait bien humiliant !

—Eh bien ! qu'ils s'en avisent ! j'ai des pistolets, je me brûlerai la cervelle ! mais Maria ! cette pauvre Maria !......,...

—Que voulez-vous que je dise à votre maîtresse de dessin ?

—Dites - lui, je vous en conjure, qu'elle est folle ; que son ı. ˜i, tout vieux qu'il est, vaut cent fois mieux que moi ; qu'il est riche, et que je suis sans fortune ; qu'à l'exception du jour où il l'a épousée, il a toujours été sage, et que je ne l'ai jamais été ; qu'il est bon, loyal, que je suis méchant et faux ; qu'il n'a jamais cherché qu'à la rendre heureuse, que je n'ai jamais voulu que la tromper, et que je la tromperais encore si elle était assez sotte pour s'y exposer de nouveau........ Mais cette malheureuse Maria !..... si jeune ! si belle !...... combien je suis coupable ! et cependant je puis jurer que jamais je n'attentai à son honneur, à son innocence : je lui avais dit seulement que je l'aimais, et je sens à présent que, pour la première fois de ma vie, j'étais sincère. Oui, je donnerais la moitié de mes jours pour racheter les siens, et lui consacrer tous ceux qui me seraient encore destinés ; mais c'en est fait...... l'éternité nous sépare, et si je suis épargné par son père, j'aurai sans cesse son image présente à la pensée ;..... je ne pourrai voir en moi que son meurtrier........ Oh ! je serai bien à plaindre. »

St.-Paul, sans trop chercher à consoler son ami, l'engagea toutefois à calmer la violence de ses regrets, prit congé de lui, et le laissa livré à toute l'amertume de ses pensées.

Deux jours se passèrent encore, pendant lesquels les visites du premier instituteur de Charles, n'avaient pour but que de l'entretenir des malheurs qu'il avait causés, et des événemens qui pouvaient s'ensuivre; le troisième, il arriva chez son élève avec un air courroucé qui surprit le jeune de Belmont.

« C'est épouvantable! c'est affreux! s'écria St.-Paul, on s'est fait un jeu de la crédulité d'un honnête homme : je m'en vengerai certainement.

— Qu'avez-vous, mon cher St.-Paul? qui peut vous agiter ainsi?

— On le serait à moins ; j'arrive du château Lobenski, j'y ai trouvé tout le monde d'une gaîté qui tenait de la démence. Il y avait grande compagnie : en y entrant, les deux premières personnes que j'ai vues, sont Lisinska et sa sœur

Maria, beaucoup mieux portantes que vous et mois, et infiniment plus joyeuses.

— Et qui vous avait fait l'histoire que vous m'avez rapportée?

— La jeune épouse du vieil Hospodard, votre maîtresse de dessin; elle voulait vous engager par cette ruse à partir sur-le-champ, à l'enlever le plutôt possible; voyez quelle indignité!

— Cette femme m'aime à la fureur, je l'ai toujours dit; mais parlez-moi de Maria, s'est-elle informée du triste et malheureux prisonnier?

— Oui, sans doute, elle s'est dérobée un instant aux hommages dont elle était environnée et, me prenant à l'écart, elle m'a prié de vous assurer qu'aussitôt vos arrêts terminés, il y aurait une fête au château de Lobenski, dont vous seriez le héros, et dans laquelle on voulait vous faire représenter le rôle de Pâris jugeant entre les trois déesses..... Vous le préviendrez, pourtant, ajouta-t-elle, que ni ses maîtresses de guitare et de dessin, ni moi, bien que nous nous proposions de faire les déités, nous n'avons l'intention de recevoir la pomme : il pourra l'envoyer à Tékla, qui n'avait pas, comme nous, le simple projet de rire aux dépens d'un fat ; elle était de bonne foi, le croyait de tout son cœur. En vérité, il lui doit une récompense : il faut qu'il l'épouse ; nous danserons à sa noce.

— Elle vous a dit cela ?

— Tel que je vous le répète.

— Voilà qui est piquant ; une petite fille que, si je n'avais eu pitié d'elle..... Vous êtes-vous aperçu de quelque dépit ?

— Aucun, elle était de l'humeur la plus aimable. Il est certain, mon ami, que ces trois dames se sont fait des aveux réciproques, et qu'ensuite elles auront voulu se donner le mérite d'opposer leur ruse à la vôtre ; à les entendre, elles n'ont jamais été dupes de vos gentillesses.

— Oh ! elles ne se seront pas tout con-

fié ; mais c'est égal, je trouverai le moyen de me consoler de leur perte. Maria
pourtant est bien gentille ! »

St.-Paul abandonna encore son élève
aux pensées que devait lui suggérer le
désenchantement ou plutôt la mystification qu'il venait d'éprouver. La vérité
était, qu'à la nouvelle de l'arrestation de
Charles, Maria hors d'elle s'était confiée
à sa sœur aînée, en lui demandant conseil pour faire parvenir au jeune capitaine une preuve de l'intérêt qu'elle prenait à sa peine. Lisinska ne pouvant cacher le tourment que lui causait cette
confiance, fit à son tour à Maria des
aveux qui ne lui laissèrent aucun doute
sur la perfidie de leur inconstant adorateur ; elles pensèrent toutes deux alors
que l'épouse du Hospodard auprès de
laquelle il avait montré de l'assiduité
et qui était une de leurs amies avant
l'arrivée de Charles, pouvait être trompée par lui ; ne songeant plus qu'à se
fortifier contre le regret qu'elles éprou-

vaient de l'avoir écouté, elles surent avec adresse amener la jeune dame à une entière confiance et toutes trois se réunirent d'intérêt pour se venger ; on fit alors à St.-Paul quelque ouverture sur le projet qu'on avait formé d'humilier l'amour-propre de son jeune ami, et, comme on le trouva parfaitement disposé à se mêler de la leçon, on lui donna carte blanche sur tout, à condition qu'il rendrait compte du résultat.

Charles s'affectait réellement d'avoir perdu les bonnes grâces de ces jeunes dames ; ce qui l'affligeait le plus sensiblement, était de penser qu'il avait pu s'abuser sur les sentimens de Maria, dont les grâces et les qualités avaient fait sur lui la plus grande impression. La douleur qu'il avait éprouvée à la nouvelle supposée de sa mort, et ses regrets en apprenant son indifférence, ne lui laissaient plus de doute sur l'existence d'une passion dont il ressentait alors les effets.

Enfin, les quinze jours de captivité

s'écoulèrent : Charles reçut la levée de ses arrêts, courut aussitôt remercier son Colonel dont il reçut une nouvelle remontrance, promit de le satisfaire à l'avenir, et, en effet, ne songea plus à ses plaisirs jusqu'à ce que sa compagnie fût devenue, par ses soins, l'exemple et le modèle des plus belles de son arme.

Ce changement donnait à St-.Paul la plus vive joie; il se plaisait à répéter en tous lieux les louanges que méritait la conduite de son élève, car il le considérait toujours ainsi ; et, par la même raison qu'il s'était affligé des erreurs de Charles, comme si la honte devait en rejaillir sur lui, il s'enorgueillissait de sa métamorphose.

Un jour St.-Paul s'était rendu au palais de Niéboroff, dans le dessein de solliciter encore de la princesse de Radziville, la faveur de lui présenter son jeune ami ; étant introduit dans le salon de musique de cette dame, il fut on ne peut plus surpris de la trouver tête à tête avec Charles, et lui accompagnant une romance sur le piano. Sa contenance à cette vue excita la gaîté de la bonne Princesse, qui ne tarda pas à l'instruire de l'événement qui avait amené cette rencontre.

« Vous voyez, St.-Paul, qu'il ne faut jurer de rien : je ne voulais pas recevoir ce jeune Capitaine, et je suis obligée de vous le présenter comme un héros de roman, qui a sauvé une Princesse, malheureusement âgée de soixante ans, non des mains des voleurs, ni de l'incendie d'un palais, mais du débordement de la Bzura, causé par la fonte des neiges. Vous saurez que j'aime les actions aventureuses ; j'avais ordonné à mon cocher de traverser une mare assez étendue, formée sur la route que je voulais suivre, et qui semblait vouloir m'en défendre le passage ; il a suivi mes ordres, mais ma calèche et mes chevaux, embourbés au beau milieu, précisément comme le char en bronze de Versailles,

j'étais sur le point de m'inquiéter sérieusement, lorsqu'un jeune et beau guer-
rier qui se promenait sur l'autre rive,
s'élance au milieu des eaux, vient unir
ses efforts à ceux de mes gens, soulève
l'une des roues, parvient enfin à remettre l'équipage à flot, et à l'amener à
bord. Vous sentez bien que la Princesse
reconnaissante n'a pu se dispenser d'être
sensible à ce trait de courage; elle a invité son généreux sauveur à venir se sé-
cher dans son palais, l'a revêtu des ha-
billemens de l'un de ses fils, et, après
lui avoir donné une leçon de sagesse,
elle lui donne maintenant une leçon de
chant. Vous voyez la romance, elle est
bien d'accord avec la situation, c'est
Monsieur qui l'a choisie : *Filles des
Rois n'ont-elles pas un cœur !* N'allez
pas vous moquer : lorsque vous êtes arrivé, la voix de Monsieur commençait à
devenir fort tendre, et je me sentais à
mon tour très-émue.

—Bon, répondit St.-Paul sur le même

ton, me voilà semblable au tyran qui vient troubler les premiers épanchemens d'une passion naissante.

— Oh ! non, reprit la Princesse, il faudrait que ce fût mon mari qui eût rompu l'entretien ; mais il donne aujourd'hui à déjeuner à plusieurs dames de ses amies, et il ne sortira pas de ses appartemens pour venir s'ennuyer auprès de sa respectable épouse ; du reste, Messieurs, je vous préviens que j'ai aussi du monde aujourd'hui : une voiture vous attend à la porte, je vous chasse ; allez faire une toilette de bal, et revenez promptement me faire compagnie, en attendant la foule. Je dîne à quatre heures, je vous attendrai jusqu'à cinq, s'il le faut. »

Les deux amis prirent aussitôt congé de l'aimable Dame, et se dirigèrent vers Lowiez, distant de deux lieues de Niéboroff, l'un et l'autre aussi enchantés des procédés affectueux de l'excellente Princesse, que ravis de se trouver admis ensemble au partage de ses bonnes grâces. Charles n'avait pas oublié qu'elle avait rassemblé dans son palais toutes les plus belles personnes de son domaine, et quoiqu'il fût bien décidé à ne pas afficher des prétentions qui justifiassent les premières idées qu'on avait eues de lui, il ne voulait pas néanmoins paraître, chez une personne d'un tel rang, dans un costume trop négligé. L'uniforme de parade, les bottes de maroquin rouge, le tout surchargé de tresses d'or, furent mis au jour ; et, après une demi-heure de consultation dans sa glace, il se trouva assez bien pour ne point déparer le cercle brillant dont il allait faire partie. St.-Paul avait aussi soigné sa parure. La voiture de la Princesse avait ordre de les attendre, et, à trois heures, ils se mirent en route pour le palais où ils arrivèrent en moins de quarante minutes.

La Princesse les reçut de nouveau avec la plus charmante urbanité.

« Quel éclat ! Messieurs, vous allez

faire pâlir tous les gentilshommes de cette contrée, et cependant je suis certaine qu'ils seront également aussi beaux qu'il leur sera possible : après de bonnes armes et de l'eau-de-vie, la parure est ce qui occupe le plus les hommes de notre nation.

— Vous oubliez sans doute votre sexe, Madame, répondit Charles.

— Non, Capitaine, les Polonais ne sont pas galans, une femme ici ne devient pour son époux qu'une esclave soumise. C'est probablement à cette négligence, ou plutôt à ce despotisme, que vous devez, messieurs les Français, l'accueil que vous recevez des Polonaises ; les femmes sont partout les mêmes : elles supportent la tyrannie, mais jamais le mépris, sans chercher à s'en venger. Ainsi, croyez-moi, ne vous énorgueillissez pas de vos bonnes fortunes en ce pays : elles ne sauraient prouver votre mérite. » Charles se tut. Un instant après on vint annoncer que le dîner était servi.

La Princesse, suivie de ses deux protégés, se rendit au salon où quelques personnes se trouvaient réunies pour la suivre dans la salle du festin. On se mit à table; le luxe le plus somptueux, la gaîté la plus aimable, présidèrent à ce repas. Déjà on avait entendu plusieurs équipages s'arrêter dans la cour, lorsqu'on se leva pour rentrer dans les salons. Charles fut ébloui des parures et de la beauté des dames qui s'y trouvaient rassemblées. M. de Lobenski et sa jolie famille vinrent bientôt frapper ses regards. Il courut présenter ses respects au Comte, salua froidement ses demoiselles qui détournèrent leurs regards en rougissant, et porta ensuite ses soins et ses hommages vers d'autres belles qui semblaient occupées à le considérer. La Princesse, passant près de lui dans cet instant, lui dit assez bas pour n'être point entendue par d'autres:

« Observez-vous, et rétablissez votre réputation; toutes les femmes qui se trouvent ici, sont prévenues que vous en courtisez toujours au moins trois en même temps. »

Charles changea de batterie; dansa tour à tour avec toutes les dames, n'en courtisa aucune, et s'ennuya.

CHAPITRE III.

Après la mystification qu'il avait éprouvée, Charles semblait lire dans les regards des jolies femmes de Lowiez, quelque chose d'ironique; ne pouvant faire sa cour à aucune, sans s'exposer à de nouvelles disgrâces; il résolut prudemment d'affecter une indifférence absolue pour le beau sexe : il ne parla plus que du métier des armes, des différens systèmes de tactique; il voulait être, ou plutôt paraître, le jeune prodige que son colonel avait cru voir en lui, lorsqu'il l'avait fait élever au grade de capitaine. Il continua cependant de cultiver la

connaissance de l'aimable et bonne princesse de Radziville; il allait souvent au
palais de Niéboroff, et plus souvent encore au jardin d'Arcadie où cette dame
passait une partie de ses journées. Il
était parvenu, à force de soins, à se
rendre on ne peut plus agréable auprès
d'elle; mais il n'avait point encore obtenu la faveur d'être admis dans le sanctuaire dont St.-Paul l'avait entretenu.
On le traitait alors avec tant de bonté,
qu'il commençait à s'étonner de cette
restriction; supposant qu'elle pouvait
naître d'un oubli, il demanda un jour
à la Princesse si elle avait bien voulu
lui faire voir tout ce qui existait de
curieux dans ce charmant séjour.

« A peu de chose près, mon cher
Capitaine.

— J'ai pourtant entendu parler d'un
certain *Todi*........

— Oui, il existe ici, en effet, une
retraite à laquelle j'ai donné ce nom;

mais vous a-t-on dit quelles sont les qualités exigées pour y être admis?

— Je sais, répondit Charles, avec une intention marquée, qu'il faut savoir quelque chose de mieux *que se battre et tourner aux belles de fades complimens;* qu'il ne faut pas s'y présenter *avec un génie rétréci.* Convenez donc, Princesse, que je vaux mieux qu'à l'époque où vous hasardâtes cette opinion sur mon compte; avouez que je suis devenu tout-à-fait sage.

— J'avouerai que ce que vous désirez faire prendre pour de la sagesse, n'est autre que du dépit : vous gémissez intérieurement d'avoir laissé découvrir vos galantes fourberies ; vous essayez de vous venger des mortifications qu'elles vous ont attirées, en affectant pour notre sexe, un mépris qui réellement n'existe point dans votre cœur : d'ailleurs vous jouez mal votre rôle. Ce n'est pas en fuyant la conversation des dames, en leur refusant les égards que tout galant homme leur doit, qu'on prouve son indifférence pour elles. Depuis que vous avez adopté ce plan de conduite, vous n'êtes encore parvenu qu'à dévoiler la défiance que vous avez de vous-même, et votre regret d'avoir été joué. Ne pouvez-vous donc être aimable sans montrer des prétentions outrées ? croyez-vous que les femmes soient assez privées de bon sens pour n'apprécier que les conteurs de fleurettes ? Si tels sont vos sentimens, je vous engagerais à changer d'opinion : rien ne peut hâter d'avantage votre perfection que la société des femmes, pour lesquelles vous feignez un coupable dédain ; les femmes seules peuvent exciter la sensibilité de votre âme, en diriger les effets vers tout ce qu'il y a de bien, de généreux et de juste : elles seules peuvent corriger en vous l'inconstance, la légèreté, les faux principes que vous avez puisés dans les camps, cette âcreté de ton qui naît du commerce continuel des hommes. Cherchez donc à mériter leur estime; cette tâche est difficile, il est vrai, mais elle offre aussi de glorieuses conquêtes. En attendant que vous soyez décidé à suivre ces avis, permettez-moi de retarder votre introduction dans mon *Todi*. Que sait-on ! continua la Princesse avec gaîté, si je vous admettais dans ce lieu sacré, avec votre réputation actuelle, on vous accuserait peut-être d'une nouvelle séduction : le monde est si méchant ! Je veux vous épargner cette honte ; dans quelque temps peut-être craindrai-je moins pour vous. Mais devenez sage à ma manière, autrement vous quitterez la Pologne sans voir le *Todi*. »

Charles avait écouté la Princesse avec beaucoup d'attention ; il sentait qu'il s'était trompé jusqu'alors sur le choix de ses plaisirs, et concevait qu'il pouvait en exister de plus grands, de plus vrais surtout ; son amour-propre triomphait d'avance par l'heureuse idée de devenir un jour l'objet des louanges de femmes estimables, et par suite de leur inspirer un intérêt plus tendre. Il n'était pas entièrement converti ; toutefois il remercia la Princesse de sa bonté, lui promit de profiter de ses conseils, et la quitta pour regagner son cantonnement.

Monté sur son cheval, il suivait lentement le chemin de Lowiez. Enfoncé dans ses réflexions, il se plaignait intérieurement que la route ne fût pas plus longue, afin de donner plus de temps à la méditation de ses projets de réforme ; arrivé au milieu d'un petit bois qu'il fallait traverser pour se rendre à la ville, il aperçut au loin une calèche tirée par trois superbes chevaux de front ; s'avançant avec rapidité à sa rencontre, il la reconnut à l'instant pour appartenir à la belle Tékla : c'était elle en effet. L'équipage s'arrêta, et Charles fut bientôt vers la portière.

« Vous arrivez à propos, Capitaine, je désirais marcher dans ce bois, mais je n'ai d'autres guides que mes gens, si je ne craignais pas d'être indiscrète.....

— Vous êtes mille fois trop aimable, et vous me voyez ravi du hasard qui me procure cette heureuse rencontre....»

Tékla s'adressant alors à ses valets :

« Louschki, gardez le cheval de Monsieur; Kzernski, restez à cette place. »

Ayant accepté la main de Belmont pour descendre de sa voiture, elle prit ensuite son bras, et tous deux se dirigèrent, par un sentier tortueux, vers un des endroits les plus sombres de la forêt : écoutons leur dialogue.

« C'est donc ainsi, Monsieur, que je devais compter sur vos promesses ? voilà plus d'un mois que je ne vous ai vu, et le hasard seul amène cette rencontre.

— Le reproche est cruel! vous savez que le Prince s'est offensé de mon assiduité, je n'osais me présenter au château dans la crainte de vous rendre victime de la tendresse que j'ai pour vous ; mais j'étais sans cesse sur les routes que vous choisissez ordinairement pour vos promenades, ce qui même m'a mérité quinze mortels jours d'arrêts ; un si long terme sans jouir du bonheur de vous voir, suffisait pour me faire mourir de douleur, sans la pensée consolante que c'était pour vous que je souffrais.

— En vérité, ah ! je vois que je suis bien injuste ! vous ne m'en voudrez pas ?..... c'est que j'étais si tourmentée ! on m'assurait que vous alliez souvent au château de Lobenski.

— J'y suis allé deux ou trois fois, croyant vous y voir.

— Je ne connais pas cette famille ; mais on m'a dit que les jeunes personnes sont jolies, et que vous leur faisiez la cour.

— Quelle méchanceté ! pouvez-vous donc penser un instant que celui qui est assez heureux pour posséder votre cœur, ira porter son hommage ailleurs qu'à vos pieds ? Non, adorable amie ! mon sort fut décidé du premier moment où je vous ai vue : rien désormais ne pourra séparer mon destin du vôtre; malgré la jalousie de ce Prince qui eut le bonheur de vous recueillir orpheline, de vous tenir lieu de père, de soigner votre enfance, de diriger votre fortune, et qui voudrait aujourd'hui imposer des lois aux affections de votre âme, je saurai braver tous les obstacles pour parvenir au seul but de toutes mes espérances !..... je viens d'écrire à ma famille pour obtenir son consentement.

— Ah! vous me rendez la vie! s'écria la sensible Tékla! » et les plus douces paroles succédèrent aux accens du reproche; mais laissons au lecteur le soin de deviner les suites de cette scène : contentons-nous de lui dire qu'alors la chaleur était extrême; qu'après avoir beaucoup marché, on aime à se reposer; que le sol du petit bois était recouvert d'un agréable tapis de mousse; que rien ne venait troubler le silence de ce mystérieux séjour; que Charles avait vingt

ans, et Tékla dix-huit ; que l'un et l'autre avaient des yeux charmans où se
peignaient tous les désirs et toute l'élo-
quence de l'amour..... Charles la recon-
duisit à sa calèche, et tous deux, aussi
tristes de se séparer qu'ils avaient été
enchantés de se rencontrer, reprirent en
soupirant la route de leurs demeures.
Tékla, pendant la nuit qui suivit cette
journée, et long-temps après, fut bercée
des songes les plus heureux ; le lendemain, Charles avait oublié cette aventure et les leçons de la princesse Hélène
de Radziville : aussi quitta-t-il la Pologne
sans avoir été reçu dans le *Todi*.

Son régiment vint habiter les frontières
Tudesques qui touchent à l'Alsace. Là,
plusieurs mois de garnison avaient suffi
pour lui faire désirer un nouveau changement, il espérait même rentrer en
France, lorsqu'une nouvelle guerre vint
tout à coup nous promettre de nouveaux
lauriers.

Un désir insatiable de conquêtes

venait de conduire Napoléon à envahir les Espagnes ; l'Autriche, qui n'avait point encore oublié l'humiliante capitulation d'Ulm et la défaite d'Austerlitz, crut devoir profiter de ce moment pour opérer une diversion, et se venger des outrages faits à sa gloire par le traité de Presbourg. Elle donna donc à ses desseins une couleur patriotique ; comptant alors sur le succès et l'appui des troupes de la confédération, elle se déclara l'instrument de la liberté des peuples et promit à l'Ibérie de soutenir sa cause.

Les Français demeurés en Autriche pour raisons diplomatiques ou commerciales, et dans les Etats allemands sous sa domination, reçurent des insultes dont notre Gouvernement demanda vainement la réparation : deux de nos courriers furent assassinés dans la Moravie; François II chercha à soulever le Tyrol, fit réparer toutes les forteresses de son empire, leva une *landwer*, se fortifia sur tous les points et prit enfin une attitude menaçante.

Les routes de ce pays étaient couvertes de troupes, d'artillerie, de caissons, de pontons, de bagages de toute espèce, venant de Hongrie et des autres parties de l'Autriche, aux rassemblemens assignés aux différens corps, et les Princes ne sortaient plus qu'armés de leur palais. Le prince Charles, suivi du général Grünn se rendit à l'armée dont il allait être le chef. Les Archiducs Jean, Louis et Maximilien, les généraux Hiller et le prince Hohenzollern, se dirigèrent chacun vers la colonne dont il devait régler les opérations Les forces ennemies, divisées ainsi en cinq corps principaux, se montaient à 150,000 hommes environ, réunis entre Lintz, Braunau et Salzbourg. L'archiduc Charles ordonna bientôt à son armée de passer l'Inn, fit établir un pont de bateaux entre Braunau et Scharding, et écrivit au même moment au Général en chef de l'armée française une lettre ainsi conçue :

« Monsieur, d'après une déclaration

» de S. M. l'Empereur d'Autriche, je
» vous préviens que j'ai l'ordre de me
» porter en avant avec les troupes que
» je commande, et de traiter en ennemis
» toutes celles qui me feraient résistance.

« A mon quartier général, le 6 avril,

signé CHARLES, général. »

L'armée autrichienne avait alors commencé son mouvement. Le 15 avril, Napoléon arriva à Strasbourg et s'empressa de donner ses ordres aux Maréchaux de France placés à la tête des corps, ainsi qu'aux Généraux alliés, Polonais, Saxons, Bavarois et Wurtembergeois, qui vinrent sous nos étendards.

Du 10 au 16, l'armée ennemie venant de s'avancer sur l'Inn, sur l'Isel, et des partis de cavalerie s'étant rencontrés, les hostilités commencèrent. Dans ce premier engagement les hussards autrichiens de Stipschitz et les dragons de Rosemberg furent culbutés par les chevaux légers bavarois et prirent la fuite. Ailleurs, le général Oudinot fit 300 prisonniers sans tirer un coup de fusil; d'un autre côté, au village de Poilling, les généraux St.-Hilaire et Friant attaquèrent une colonne ennemie supérieure en nombre aux forces qu'ils commandaient, lui prirent 700 hommes, lui en tuèrent une égale quantité et la renversèrent de toutes ses positions.

Le même jour, le général Morant ayant rencontré une autre colonne ennemie l'attaqua en tête; au même instant le duc de Dantzick (Lefèvre), parti d'Abensberg, vint la surprendre en queue. Rien ne peut rendre la frayeur des Autrichiens, lorsqu'ils se virent entre deux feux : ils abandonnèrent toutes leurs positions, et nous laissèrent un grand nombre de prisonniers, après avoir vu tailler en pièces un régiment entier de leurs dragons et son chef. Le Prince de Lichtenstein, le général Lusignan et un grand nombre d'autres officiers autrichiens, furent blessés dans cette affaire. Plusieurs aussi restèrent sur le champ de bataille.

Après ce premier succès, le Général en chef des Français ne voulut point donner à l'ennemi le temps de se reconnaître : il résolut d'attaquer les corps réunis de l'archiduc Louis et du général Hiller, présentant ensemble une force de 60 mille hommes, et de ne cesser de les poursuivre qu'après leur entière destruction. Toutes les dispositions nécessaires furent prises à l'instant même pour que nos adversaires fussent à la fois harcelés de toutes parts et privés de leurs communications avec ceux qui auraient pu les secourir. Le général Wrede officier, bavarois d'une bravoure au-dessus de tout éloge, commença l'affaire en chargeant avec intrépidité une colonne qui lui était opposée devant le pont de Siégenbourg, tandis que le général Vandamme la débordait sur sa droite. Au même instant le duc de Dantzick poursuivait les Autrichiens vers Abensberg et Landshut; le duc de Montebello (Lannes) les renversaient de son côté, se dirigeant avec deux divisions sur Rohr et Rothembourg, de part et d'autre la canonnade devint meurtrière; mais, après une heure de résistance, l'ennemi se replia tout à coup, sonna la retraite, et nous abandonna un terrein couvert de ses morts, 8 drapeaux, 12 pièces de canon et 18,000 prisonniers.

Cette victoire ayant mis à découvert le flanc droit de l'ennemi, nous nous portâmes sur Landshut; en vain la cavalerie autrichienne vint s'opposer à notre arrivée vers cette ville : le feu qu'elle mit ensuite à un pont, après s'être retirée, n'empêcha point notre vaillante infanterie de poursuivre ses succès : elle se lança sur les poutres brûlantes, les parapets enflammés, et chassa les assiégés qui vinrent tomber sous le feu d'autres troupes françaises débordant la rive droite.

Nous trouvâmes dans Landshut, 30

pièces de canon , 8,000 prisonniers, 600 caissons tout attelés , 3,000 voitures chargées de bagages , et trois superbes équipages de pont. A peine étions-nous maîtres de cette ville, que des aides de camp de l'archiduc Charles , d'autres officiers de marque , et plusieurs convois de malades, soumis aux vainqueurs, arrivèrent dans cette place.

Mais, tandis que nous ajoutions de nouveaux lauriers à ceux d'Abersberg, notre sang coulait à Ratisbonne : l'archiduc Charles venait de cerner mille français qui, après la plus vigoureuse résistance , après l'épuisement de leurs dernières cartouches, se trouvant réduits à un petit nombre, avaient dû céder à un corps entier. Bonaparte jura que , dans les vingt-quatre heures, cet affront serait vengé. En effet, le lendemain nos troupes rencontrèrent les *Keiserlicks* près d'Eckmuhl , au nombre de 110,000 hommes ; l'ennemi attaqué en même temps sur tous les points, fut aussitôt chassé de toutes ses positions ; coupé en suite par notre cavalerie , il fut mis en pleine déroute. En vain ses hussards et ses dragons cherchèrent à protéger le gros de leur armée dans sa retraite , ils furent eux-mêmes abordés sur leurs flancs, et démontés par les divisions St.-Sulpice et Nansouty ; un carré dans lequel se trouvait le prince Charles, étant enfoncé , ce brave fut contraint de fuir , laissant en nos mains trois bataillons hongrois qui l'avaient protégé. Enfin le plus effroyable désordre suivit l'armée autrichienne dans sa retraite vers Ratisbonne ; elle nous abandonna une grande partie de son artillerie , 15 drapeaux et 20,000 prisonniers. Le sol resta coloré de son sang et couvert de ses morts. A peine la moitié de l'armée française prit-elle part à l'action.

Le 23 avril, on s'avança sur Ratisbonne. La ville était couverte par la cavalerie ennemie ; la nôtre fit aussitôt trois charges successives qui furent couronnées du

succès ; 800 cavaliers autrichiens s'en-
fuirent blessés de l'autre côté du Danube.
La ville fut entourée par nos tirailleurs,
elle n'était fortifiée que par une faible
enceinte, un fossé d'une certaine pro-
fondeur et une contrescarpe ; des pièces
de douze furent pointées contre les murs ;
des obusiers portèrent le salpêtre brû-
lant dans plusieurs des principaux édifices, et la flamme se communiqua
vivement. Enfin une brèche fut ouverte ;
un bataillon franchit les fossés au moyen
d'échelles, gagna une poterne et se jeta
dans la ville où nous fûmes bientôt en
force. Six régimens qui s'y étaient ren-
fermés furent sacrifiés, tout ce qui fit
résistance fut sabré. Le nombre des prisonniers fut de 9,000 hommes. L'ennemi, repassant le Danube, n'eut pas le
temps de couper les ponts, et nos troupes, pêle-mêle avec lui, arrivèrent sur
l'autre rive.

Les Français ne laissent aucun repos
à leurs adversaires, ne cessent pas un

instant de les poursuivre; ils les atteignent encore à Wilsbibourg, à Neumarki, leur enlèvent 1,800 hommes, des équipages, des caissons, et plus de 400 voitures. Ils prennent encore leur bagage à Lauffen. Enfin nous nous emparons de Salsbourg où nous trouvons des magasins considérables. A Dittemaning, un bataillon de 1000 autrichiens met bas les armes devant cinquante de nos chasseurs.

Une affaire générale s'engage encore à Ebersberg, l'ennemi présente une masse de 30,000 hommes, nous n'avions encore à lui opposer qu'une division de cavalerie, 4 pièces de canon; cependant les Autrichiens, inquiets des manœuvres que nous opérions en arrière de leurs positions, mettent le feu à la ville, le pont est encombré et notre cavalerie ne peut être secourue qu'après trois heures d'une lutte inégale. On parvint à détourner les flammes, une brigade d'infanterie française trouve un passage, attaque 800 Autrichiens qui s'étaient enfermés dans le château ; mais les flammes gagnent ce point et ces malheureux sont tous consumés. Enfin le Général en chef paraît , la division de cavalerie est protégée ; l'ennemi bat en retraite , brûle le pont d'Enns et continue sa route sur Vienne , après avoir éprouvé une perte de 12,000 hommes , dont 7500 faits prisonniers.

A peine quinze jours s'étaient écoulés depuis le commencement de cette guerre et nous étions sur le point d'entrer de nouveau dans la Capitale de l'Autriche. L'ennemi était partout contraint de se retrancher derrière le Danube ; le 9 mai notre grand quartier général se trouva sur les hauteurs de St.-Hypolite aux portes de Vienne. Nous pouvions regarder la campagne comme terminée : la puissance ennemie n'avait plus d'alliés, elle ne pouvait comme à Austerlitz opposer des troupes fraîches à nos phalanges fatiguées ; néanmoins elle nous ménageait encore de nouvelles occasions de nous signaler.

Le 12 mai nous entrons à Vienne. Le même jour, une victoire signalée est remportée par nos troupes sur la route d'Egensdorf à Rottenberg ; l'ennemi quoique protégé par les rochers qui l'entourent, perd 8 obusiers, 4 canons, 1 drapeau et 150 cavaliers ; cependant l'Empereur d'Autriche, forcé une seconde fois de fuir son palais, cherche à rendre la guerre nationale, ordonne des levées en masse et tente de nouveau la fortune.

Avant notre entrée à Vienne, l'archiduc Ferdinand avait envoyé au prince Poniatowski, en Pologne, une déclaration semblable à celle adressée par le prince Charles à notre armée et les hostilités étaient également commencées sur ce point ; lorsque le Général autrichien apprit nos succès, il voulut regagner le centre des opérations, fut battu jusqu'au moment où il opéra sa jonction et perdit une quantité considérable d'hommes, de chevaux, d'artillerie et de bagages. En Italie, l'archiduc Jean avait de même imité le prince Charles en écrivant au Vice-Roi (Eugène) qu'il se portait en avant; mais, à la nouvelle de nos victoires, voulant se rapprocher des troupes vaincues, il fut à son tour harcelé de toute part dans sa retraite, et le prince Eugène, toujours battant, le poursuivit en lui enlevant dans chaque action des prisonniers, des caissons, des canons et des équipages, jusqu'à sa réunion à l'armée d'Allemagne.

Du 15 au 19 nos troupes construisent des ponts qui doivent nous porter au delà du Danube, en face d'un ennemi fortifié sur l'autre bord, vis-à-vis le village d'Ebersdorf; le Danube, en cet endroit, se divise en trois bras; mais deux îles rendaient le travail plus facile. Deux divisions d'infanterie et une de cavalerie passèrent pendant la nuit sur la rive gauche, et le lendemain, à la pointe du jour, le général en chef des Français vint examiner la position de l'ennemi, et disposer son ordre de bataille de manière à porter sa droite sur Essling, et sa gauche sur Gross-Apernn. Le même jour, à quatre heures de l'après-midi, les Autrichiens, déployant une force de 90,000 hommes et de 200 pièces de canon, attaquèrent vigoureusement notre avant-garde, et tentèrent de la jeter dans le Danube ; mais ils furent repoussés avec une adresse et une valeur qui semblaient tenir du prodige. Le lendemain, l'attaque fut renouvelée, les Allemands toujours plus forts en nombre, les Français plus forts en courage : les premiers s'étaient étendus pour envelopper Essling et Gross-Apernn ; trois de nos divisions se portent sur le centre de la ligne autrichienne, bientôt les rangs éclaircis s'ouvrent devant elles, l'ennemi enfoncé se voit en même temps attaqué sur sa droite, sur sa gauche, et culbuté de toute

part. Notre cavalerie sabre trois régimens
entiers qui veulent lui résister, four-
nit de nouvelles charges auxquelles
d'autres succèdent encore, et porte partout l'effroi, le désordre et la mort.
Mais un aide de camp de Napoléon vient
lui annoncer que le Danube s'étant pro-
digieusement enflé par la fonte des neiges, les ponts venaient d'être enlevés par
les eaux. Ainsi tous les corps dont nous
devions attendre des secours, notre
grosse artillerie, le parc de réserve et
toutes nos munitions restés sur la rive
droite du fleuve, étaient dans l'impossibilité de seconder nos opérations. Cet
événement força Napoléon d'arrêter son
mouvement en avant : il fit rentrer ses
troupes à leurs premières positions, et
confia le champ de bataille au duc de
Montebello. L'ennemi, devinant la cause
de cette manœuvre, s'arrêta dans sa retraite, et revint à la charge dans le but
d'accabler de toutes ses forces le faible
nombre des braves qui ne pouvait être

secouru; mais nos soldats ignoraient que toute retraite leur fût coupée : ils conservèrent ce courage et ce sang-froid qui tant de fois les avaient fait triompher de leurs adversaires, et le combat qui s'engagea devint plus sanglant qu'aucun de ceux qui avaient eu lieu dans cette campagne. Trois fois nos positions furent attaquées, trois fois les Autrichiens en furent chassés après les avoir jonchées de leurs cadavres. L'ennemi tira 40,000 coups de canon, employa toutes ses réserves, et fut contraint de reprendre la position qu'il avait avant le combat, nous abandonnant le champ de bataille où nous trouvâmes, parmi les morts et les blessés, 23 de leurs Généraux et 60 de leurs Officiers supérieurs; 1500 hommes, 4 drapeaux, restèrent également en notre pouvoir, ainsi que le feld-maréchal Weber. On ne peut se dissimuler que notre perte dans cette journée ne fût aussi considérable : la France eut à déplorer la mort du brave maréchal

Lannes , duc de Montebello , qui succomba par suite de ses blessures , et
celle du valeureux général Despagne :
honneur soit rendu à leur mémoire!.....

D'un autre côté, les Français avaient
reconquis le Tyrol , triomphaient à la
tête du pont de Lintz et dans le village
d'Urfar où les généraux Vendamme,
Gérard et Mossel se couvraient de gloire.
Mais revenons près d'Essling.

Les troupes qui venaient de combattre , étaient rentrées dans l'île de Lobau . étonnées de cette manœuvre, après
deux victoires. La nuit du 23 au 24 fut
employée à réparer les ponts ; le 25 , tout
semblait rétabli ; les blessés , les caissons
vides, tout ce qui devait être renvoyé
sur la rive droite, y était déjà passé ;
mais la crue du Danube devait durer
jusqu'au 15 juin, et le 27 au matin, les
ponts étaient enlevés de nouveau.

Ce fut en cet instant que nous reçûmes
la nouvelle de l'arrivée du Prince Eugène
à la tête de l'armée d'Italie , ayant opéré

sa jonction avec celle de Pologne. Malgré cette concentration de forces, le mois de juin s'écoula sans qu'aucun résultat changeât la face des choses.

Cependant de nouveaux ponts se construisaient sur le Danube, aux deux rives de l'île *In-der-Lobau.* Celui qui devait donner passage à l'artillerie, était de soixante arches sur pilotis ; des estacades placées entre les îles, défendaient ce pont et deux autres destinés aux troupes du Duc d'Auerstaëdt (Davoust). L'île de Lobau fut fortifiée ; on y dressa vingt obusiers de siége et cent autres de campagne ; on y établit des magasins, et on y porta le grand quartier-général. Toutes les îles étaient entourées d'artillerie pointée sur Ensersdof et sur la plaine. Le 4, à dix heures du soir, quinze cents de nos voltigeurs, portés par des chaloupes canonnières, débarquèrent sur la rive gauche du fleuve ; aussitôt l'artillerie joua contre Ensersdof, et cette ville fut réduite en cendre. A deux heures après minuit, notre armée avait débouché sur quatre ponts, pendant l'obscurité qui cachait nos mouvemens. Les plus heureuses dispositions avaient été prises, et, le lendemain, aux premiers rayons du soleil, notre armée, rangée en bataille sur la gauche de l'ennemi, lui fit connaître que ses camps retranchés étaient tournés, et tous ses ouvrages inutiles. On manœuvra sur-le-champ pour resaisir Gross-Apernn et Essling. L'ennemi céda le terrain, laissant le champ de bataille couvert de ses morts. Le 6 au matin, nouvelles dispositions de part et d'autre; les Autrichiens affaiblirent leur centre pour accroître les forces de leurs ailes; les Français, au contraire, se reployèrent sur leur centre. Notre gauche était dirigée par le Prince de Ponte-Corvo, notre droite par le Duc d'Auerstaëd; ce dernier, en moins d'une demi-heure, culbuta le corps de Rosemberg, qui lui était opposé, et le repoussa jusqu'au delà de Nensiedel, en lui faisant essuyer une perte considérable; sur ces entrefaites, le Maréchal reçut l'ordre de pousser sur Wagram, tandis que le duc de Raguse et le général Macdonald manœuvraient pour enlever ce point aussitôt qu'il déboucherait. D'un autre côté, notre gauche, vivement attaquée, était débordée de trois mille toises, une ligne de deux cents pièces d'artillerie ennemie se déployait entre Gross-Apernn et Wagram. Trois de nos divisions vinrent aussitôt soutenir cette aile. Le général Lauriston, à la tête d'une batterie de cent canons, s'avança soudain vers l'ennemi au trot et jusqu'à demi-portée, ordonna ensuite le feu, et des décharges précipitées jetèrent la terreur dans les rangs autrichiens; ils se replièrent après avoir perdu une grande partie de leur monde. Leur centre battit en retraite au même moment; la position de leurs extrémités devint désespérante, ils ne se défendaient plus que pour échapper au carnage. Wagram fut enlevé, et l'ennemi, poursuivi , sabré , mitraillé de toute part, fut bientôt hors de vue.

Cette victoire, à jamais célèbre, nous laissa, avec des trophées sans nombre , la certitude d'une paix glorieuse. L'ennemi perdit douze drapeaux , quarante pièces de canon; nous lui fîmes vingt mille prisonniers , dont plusieurs généraux , colonels , majors et quatre cents officiers. Le cadavre d'un traître , celui du général Normann , fut trouvé sur le champ de bataille. Nous eûmes à regretter le vaillant général Lasalle.

Les jours suivans, les Autrichiens poursuivirent leur retraite vers la Moravie ; on continua de les harceler et de les battre jusqu'au delà de Kolabrunn et de Znaïm.

Nous remportions encore de nouveaux et importans avantages , lorsque le Prince de Lichtenstein se présenta à nos avant-postes , demandant, au nom de son maître, à traiter de la paix avec la France. Napoléon fit aussitôt cesser le feu, et un armistice étant signé, la paix fut bientôt conclue; mais, cette fois, on n'exigea plus de l'Empereur d'Autriche des sacrifices de territoire : sa fille, l'héritière de son empire, la descendante des Césars, devint le prix de la victoire, et l'épouse du conquérant.

Nous avons voulu terminer le récit succinct des événemens de cette campagne avant de nous entretenir des héros de notre histoire; maintenant nous parlerons du jeune Charles qui, égaré par la fougue de son caractère, s'est rendu, pendant cette guerre, plus digne de pitié que d'éloges. Tel est le destin de l'espèce humaine : on ne peut être toujours heureux; les instans fortunés entraînent souvent à leur suite des maux que leur retour ne saurait compenser; l'expérience est un bien qu'on ne peut acquérir qu'aux dépens des jours qui s'écoulent; à peine, ensuite, nous reste-t-il assez de temps pour en jouir, assez de force pour en faire usage.

CHAPITRE IV.

Le régiment du jeune de Belmont avait participé aux triomphes de ces journées : tous les capitaines de ce corps s'étaient vus détachés tour à tour sur les flancs de l'armée, pour y faire le métier de partisans à la tête de leur compagnie respective. Le tour de Charles était arrivé au moment où la bataille d'Eckmuhl venait de se terminer. Il reçut l'ordre d'éclairer l'aile droite de nos troupes vers les rives du Danube, et partit à la tête de soixante chevaux. Son Colonel qui, déjà plusieurs fois, avait eu à se plaindre de sa fougueuse bravoure, lui recommanda de se conduire avec prudence, de ménager sa troupe, et de songer que sa mission était plutôt de surveiller les intentions de l'ennemi, que de le vaincre.

Il se trouvait éloigné d'une lieue de

l'armée française, et débordait le flanc gauche des Autrichiens; rien ne s'étant opposé à sa marche, il envoya des éclaireurs pour observer nos mouvemens, afin de les suivre à cette distance. Après une heure de repos, il s'impatientait de son inaction, lorsqu'il vit plusieurs bivouacs autour d'un joli château, à quelque distance d'un petit bois qu'il avait à traverser. Il apprit bientôt des paysans qu'il interrogea, qu'un bataillon de chasseurs du loup (1), occupait cette position.

« Allons, mes amis, dit-il à ses hussards, vous devez avoir soif, il faut aller goûter du vin de cette belle habitation; sabre en main, et au galop. »

La troupe, enchantée de cet ordre, suivit son chef, arriva à demi-portée de pistolet, avant que les chasseurs eussent pu l'apercevoir, s'élança sur eux, malgré la résistance d'un poste avancé, qui la salua de quelques coups de carabines

____

(1) Chasseurs tyroliens, armés à la légère.

et jeta parmi ces Tyroliens la plus affreuse, confusion; tous ceux qui osèrent tenter de se défendre, périrent sous le fer de nos braves; mais le plus grand nombre prit la fuite; abandonnant ses armes et ses bagages,

Charles posa quelques vedettes autour du château, pour se garantir d'une semblable surprise, et fit entrer dans l'intérieur d'une vaste cour, le reste de son monde. Les caves furent aussitôt enfoncées, et les hussards vainqueurs burent à la santé de leur jeune chef qui, pendant quelques momens, leur tint tête, mais s'arrêta bientôt dans la crainte de s'enivrer. Suivi de son lieutenant, il alla visiter les appartemens des domaines conquis : après avoir traversé quelques vastes pièces ornées de meubles élégans, il entendit les gémissemens de plusieurs personnes qui semblaient être renfermées à l'extrémité d'un corridor qu'il allait suivre. S'étant avancé sur ce point, trouvant la porte close et son esprit romanesque lui faisant supposer des victimes à délivrer du pouvoir de leurs oppresseurs, il força cette entrée par un violent coup d'épaule, et vit bientôt à ses pieds quatre jeunes et charmantes créatures implorant sa pitié; leur mère, restée debout, s'empressa de lui montrer sur une table une grande quantité d'argenterie et plusieurs sacs de *thalers*.

« Prenez tout cela, Monsieur, s'écriat-elle, vous en êtes le maître. Mais, au nom du Ciel, au nom de celle qui vous a donné le jour, respectez notre honneur, épargnez notre vie.

—Eh! mon Dieu! Madame, répondit Charles avec gaîté, nous n'en voulons ni à votre argent, ni à votre vie, ni même à votre honneur; nous autres Français n'attaquons jamais les dames, sur ce dernier point, les armes à la main. Relevez-vous, mes belles dames, vous êtes dans une position qui doit être la nôtre; si je vous trouve aussi bonnes que votre vin est bon, nous allons bientôt nous entendre : d'abord , il faut donner du pain à mes hussards.

—Envoyez à notre ferme , à vingt pas d'ici , plusieurs fournées y allaient être distribuées aux troupes que vous venez de chasser.

— Il nous faut un bœuf.

— Vous en trouverez dix chez le même fermier.

— Maintenant , il faut serrer votre argenterie et vos thalers dans un endroit ignoré,.... sous ce lit;.... mais que vois-je ?..... un officier autrichien !..... ceci ressemble à de la trahison

—Oh ! Monsieur , pardonnez , nous ne voulions que le sauver : ce militaire est mon époux; il allait me conduire à Ratisbonne avec ma famille, quand vous êtes arrivé en ce château. Je vous en supplie, ne nous séparez pas : vous me verriez mourir de douleur. »

Pendant ce temps, l'officier allemand avait repris une position plus convenable à son uniforme, et semblait humilié des regards du jeune capitaine qui, ayant ordonné à son lieutenant d'aller faire distribuer les vivres à sa troupe, resta seul avec ses hôtes, et, après les avoir considérés avec attendrissement :

« Écoutez, mes amis, je sais que nos troupes ne seront que demain, ou dans quarante-huit heures, à Ratisbonne; faites vos paquets, je vous servirai d'escorte jusqu'à vos avant-postes, et bon voyage. Allons, leste! mais vous ne pouvez tous vous occuper d'une même chose; j'aperçois un piano : pendant que le plus grand nombre travaille aux bagages, l'une de vous, Mesdames, je l'espère, va me faire un peu de musique : il y a un siècle que je n'ai eu le plaisir d'entendre un accord, à l'exception de ceux de nos trompettes. »

Les dames, surprises d'abord de cette demande, tremblantes encore des dangers auxquels elles s'étaient cru exposées, s'empressèrent néanmoins de satisfaire leur nouveau protecteur; l'une d'elles se plaça au piano, et demanda à Charles, en lui montrant plusieurs morceaux gravés, ce qu'il désirait qu'elle exécutât.

« Ah ! voici une charmante romance : *Gutter mund*, à deux voix : je ferai le second. »

Elle hésitait pourtant, voulait s'excuser ; mais Charles, que ses libations avaient rendu tout-à-fait déraisonnable, persista ; bientôt la voix mal assurée de la jeune personne et les sons rauques sortant du gosier du Capitaine, formèrent l'harmonie la plus détestable qu'il fût possible d'entendre.

« Bravo ! s'écriait Charles, après chaque couplet, je n'ai jamais rien entendu de semblable, c'est charmant !..... continuons. »

Cependant, la famille avait rassemblé ce qu'elle possédait de plus précieux : de Belmont étant prié de remplir sa promesse, une voiture fut attelée, et on prit la route de Ratisbonne. Au sortir du château, accompagnant ses hôtes, le Capitaine, à cheval, vit les trois quarts des hommes de sa compagnie pouvant à peine se soutenir, et forçant leurs chevaux d'avaler le vin qu'ils n'avaient pu boire eux-mêmes.

« Vive la joie! mes amis, amusez-vous, je vais voir Ratisbonne, je vous rejoindrai dans une heure.....» Et il partit au galop à la suite de l'équipage.

La nuit commençait à s'étendre; il n'avait pas fait une demi-lieue, que deux escadrons débouchèrent d'un village dans lequel il allait entrer; n'ayant pu distinguer leur uniforme, il les prit d'abord pour des troupes françaises, et se trouva entouré d'ennemis, sans avoir eu le temps de se mettre en défense. Il tira son sabre, tourna bride sur-le-champ, et résolut de se faire jour à quelque prix que ce fût : déjà il était parvenu à s'ouvrir un passage, et fuyait au galop; mais trente coups de pistolet à la fois furent dirigés sur lui; son cheval, atteint de plusieurs balles, tomba avec lui dans un fossé; s'étant promptement débarrassé des étriers, il s'enfonça dans un bois qui bordait la route, et où l'obscurité empêcha l'ennemi de le poursuivre. Il s'aperçut bientôt qu'il était atteint d'un coup de feu à la cuisse, et d'un coup de pointe dans les reins; le sang jaillissait avec impétuosité de ses deux blessures; il n'avait aucun moyen de l'arrêter, et cette perte l'affaiblit au point de lui ôter toute connaissance.

La nuit était déjà fort avancée lorsqu'il recouvrit ses sens; un froid mortel engourdissait ses membres; ce ne fut qu'avec des efforts surhumains qu'il parvint à se relever. Cherchant à s'orienter, il gagna lentement, en s'appuyant sur son sabre, le chemin du château occupé par sa compagnie; il marchait avec tant de peine que, forcé de s'arrêter à chaque instant, le jour commençait à poindre quand il revit sa position de la veille. Mais quelle fut sa douleur lorsqu'il reconnut, à dix pas de l'entrée du château, trois de ses hussards étendus sans vie, plusieurs chevaux gisant également sur le terrein; des armes, des schakos, enfin tout ce qui pouvait attester les suites d'un combat sanglant! Redoublant d'efforts pour arriver jusqu'à la grande cour, il y trouva une dixaine des siens grièvement blessés et se pansant réciproquement. Il apprit aussitôt de ces malheureux, qui le fixaient avec l'air du reproche, qu'une heure après son départ, ils avaient été cernés par un fort parti de cavalerie, contre lequel leur état d'ivresse ne leur laissait que de faibles moyens de défense; qu'heureusement pour ceux qui s'étaient conservé de sang froid, une compagnie de leur régiment, ayant le Colonel en tête, avait poussé une reconnaissance jusque sur ce point, et les avait sauvés d'une destruction complète. Le même soldat dont il recevait ce récit, l'assurait que le Colonel avait juré de lui faire arracher ses insignes de capitaine, en présence de tout le régiment que sa conduite venait de déshonorer. Charles, le désespoir dans le cœur, sentit alors tout les cruels effets de son inconséquence : le mal qu'il avait fait était irréparable ; d'un œil morne, il considérait ces victimes de sa faute, et ne songeait plus aux douleurs que lui causaient ses blessures. Cependant ses soldats, le voyant couvert de sang, voulurent lui donner leurs soins, l'un d'eux lui offrit de le panser.

• Cela est inutile, lui dit Charles, je ne veux pas survivre à la perte de l'honneur. Je suis l'assassin de mes frères d'armes : les maux que j'endurerai ne seront qu'un juste châtiment.

— Bah ! bah ! tout cela c'est *des bamboches*, Capitaine ; vous ne nous avez pas ordonnés de nous griser, ni de nous laisser surprendre par l'ennemi ; d'ailleurs si vous voulez sauter le pas, tâchez

que cela n'arrive qu'en vous faisant accompagner d'une douzaine de *Keiserlicks*.

— Tu as raison, j'accepte ton service,
mon brave : panse-moi. »

Les blessures de Charles n'offraient
rien d'alarmant : la perte considérable
de son sang avait seule causé sa faiblesse;
les hussards, qui possédaient encore des
vivres et du vin de la veille, le forcè-
rent en quelque sorte à se restaurer, et,
après un repas où il mangea beaucoup
sans s'en apercevoir, entièrement occupé de tristes souvenirs, il quitta ses subordonnés, et prit seul la route de Ratisbonne.

Il passa cette journée et la nuit suivante à errer dans les bois, autour des
avant-postes ennemis; le lendemain, à
la pointe du jour, ayant remarqué notre
mouvement en avant, il se porta vers la
place que nous commencions à bom-
barder, arriva près des fossés en même
temps que nos tirailleurs, et fut un des

premiers qui, à l'aide des échelles, se présentèrent dans l'intérieur des murs. Ayant engagé quelques voltigeurs à le suivre, il marcha vers une porte que notre artillerie cherchait à enfoncer, et, malgré nos boulets qui, à chaque minute, arrivaient sur ce point, il poussa jusqu'aux ponts-levis, les baissa, et parvint à ouvrir aux colonnes françaises qui se présentaient au dehors. Il fit signe aussitôt à la batterie de cesser le feu et d'avancer ; un Maréchal, envoyé par Napoléon, pour lui rendre compte des progrès du feu vers cette entrée, distingua l'uniforme français au bout de sa lorgnette, prit le galop vers Charles, et, s'étonnant de voir un officier de cavalerie s'exposer à mourir par le feu même de ses frères d'armes, pour hâter leur victoire, il voulut savoir quel était son nom.

« Vous voyez mon uniforme, vous connaissez mon régiment, Maréchal : c'en est assez. Informez-vous du seul officier de ce corps qui se soit déshonoré dans cette campagne, et quand vous en serez instruit, j'espère que j'aurai cessé de vivre.

— Nous nous reverrons, brave jeune homme. » Le Maréchal, pressé de donner des ordres, s'éloigna de Belmont, qui se perdit bientôt au milieu des tirailleurs.

D'après les lois de la guerre, cette ville ayant été prise d'assaut, les vainqueurs étaient autorisés à passer toute la garnison au fil de l'épée, et à se livrer au pillage. On usa jusqu'à un certain point de l'un et de l'autre de ces droits : huit à dix mille Autrichiens furent sacrifiés, et plusieurs riches maisons durent acheter la clémence des soldats. Pendant l'affreux désordre occasionné par l'incendie, les massacres, les menaces des soldats, le désespoir des femmes, le bruit de la mousqueterie, Charles, souffrant des douleurs aiguës, marchait lentement vers les fuyards, qui se portaient sur la rive gauche du Danube ; il gémissait de ne pouvoir les atteindre, lorsqu'en passant près d'une vaste maison entourée de murs, il entendit un grand tumulte, et vit tout à coup un grand nombre de jeunes filles, les cheveux épars, sortir effrayées dans la cour de cette habitation. Son uniforme brillant leur indiquant un officier, elles accoururent à lui, et le supplièrent de leur accorder ses secours contre les attentats des soldats allemands et alliés des Français; Charles ayant pénétré dans la maison, y trouva plusieurs fantassins de Berg qui, le sabre entre les dents, les mains pleines de bijoux et d'argenterie, exprimaient encore les intentions les plus criminelles. « Au nom de l'Empereur ! s'écria Charles, cette maison doit être respectée : j'arrive ici comme sauve-garde. Déposez ces objets, et courez ailleurs au butin, autrement je vous fais fusiller. »

Les soldats, sur lesquels l'apparition de Charles et ses paroles firent l'effet de la foudre, sortirent sans murmurer, laissant de Belmont entouré de vingt demoiselles charmantes et de deux vieilles dames, qui l'accablaient des expressions de leur reconnaissance. Sa surprise fut grande, lorsqu'au nombre de ces jeunes filles, il retrouva Julia Frieden, la charmante étourdie, le premier objet de son culte amoureux ; elle le reconnut également, et parut moins sensible à son abord qu'il n'aurait dû l'espérer : elle qui *devait mourir, si jamais il cessait de l'aimer !*

Charles resta seul dans le pensionnat ; les Dames-maîtresses l'ayant prié de leur accorder sa protection jusqu'au rétablissement de l'ordre dans la ville, il se rendit à leur désir, et trouva bientôt l'occasion de se plaindre à Julia de l'indifférence qu'elle lui témoignait.

« Comment, M. de Belmont, auriez-vous pris au sérieux les enfantillages que je débitais autrefois ? j'espère qu'il n'en est rien. Je vous dirai d'ailleurs que je suis promise, je ne sais à qui, mais n'importe; on m'a envoyée dans cette ville en attendant, pour me soustraire aux poursuites d'un être que j'aime comme ma vie; en voilà, je pense, plus qu'il n'en faut pour vous faire renoncer à vos prétentions.

— Allons, répliqua Charles, puisqu'il en est ainsi, n'en parlons plus; mais soyons bons amis, au moins, jusqu'à ce que je me sois fait tuer demain ou après. »

Julia, étonnée de ce discours, le pria de s'expliquer : il lui fit connaître sa situation, et, chose étonnante ! tous deux s'entretinrent *sérieusement* pendant une bonne heure.

Charles fut contraint de passer la nuit en pension; l'incendie dura jusqu'au jour et semblait menacer la ville entière. Cependant la division Morand arriva, et les soins de ce digne Général, parvinrent à arrêter les progrès du mal, et à rendre le calme à cette malheureuse cité. De Belmont, s'étant procuré un cheval, se remit en route, emportant les regrets de toutes ses protégées, ainsi qu'un *souvenir* de chacune d'elles, qu'il fut forcé d'accepter comme un faible tribut de leur reconnaissance.

Il arriva dans Vienne comme nos troupes y faisaient leur entrée; là, rencontrant un officier de son régiment, il apprit que son Colonel l'avait déclaré déserteur à l'ennemi, et que son nom avait été mis à l'ordre de sa division, comme voué à l'opprobre. Cette nouvelle fut pour lui un coup de foudre qui l'anéantit; il traversa néanmoins la ville sans savoir où il se dirigeait, mais toujours décidé à se jeter dans les rangs ennemis, afin d'y trouver la mort.

Les Autrichiens avaient passé le Danube; aucun pont n'était établi, Charles errait à l'aventure sur ces bords; son cheval, harassé de fatigue et de besoin, devenait insensible aux atteintes de l'éperon; la nuit s'unissait déjà aux brouillards du fleuve dont les flots étaient agités par une bise violente; éloigné des bivouacs français, il n'osait même se diriger vers les feux, ses blessures lui faisaient éprouver les plus vives souffrances; tout à coup il entendit les pas d'un cheval.

« Qui vive ! cria Charles.

— Ami, répondit l'étranger.

— Vous êtes Français?..... de quel régiment?

— Ma foi, Monsieur, je suis de tous les régimens possibles; car ma maison est tour à tour habitée par les Autrichiens, les Français, la cavalerie, l'artillerie, l'infanterie, et même l'état-major : en ce moment je dois avoir un de vos généraux logé chez moi.

— Vous êtes donc de ce pays?

— Oui, depuis que la révolution m'a chassé de la France; mais j'aime toujours mes compatriotes, à telles enseignes que je viens de faire deux ou trois lieues pour les voir tous dans leur camp. Si votre service ne vous retient pas ici, venez chez moi, nous boirons à vos succès ; sans faire de bruit par exemple, car j'ai avec moi un brave homme qui ne rit pas de vos prouesses.

— J'accepte vos offres, Monsieur, je me sens mal à mon aise, et un peu de repos me devient nécessaire ; où votre demeure se trouve-t-elle ?

— A cinquante pas d'ici, au château de Winter, c'est une maison bien connue des pauvres, j'ose m'en flatter : ils l'appellent la maison du bon Français, cela me rend orgueilleux, je l'avoue.

— Je vous suivrai, Monsieur.

— De ce côté. »

De Belmont suivit Durand, que le lecteur a sans doute reconnu. Le brave piqueur, ainsi que nous l'avons déjà fait connaître, avait hérité des biens de la tendre Zélie ; il voulait alors faire partager son sort à son ancien maître, qui n'avait accepté l'asile qui lui était offert, qu'à la condition de devenir, sous un nom supposé, secrétaire de son fidèle serviteur. Durand continuait à le considérer comme le comte de Surville, et ils vivaient ensemble dans une parfaite intelligence.

Arrivé au château, Charles fut obligé de céder aux pressantes sollicitations de son hôte, et assista au souper qui avait été préparé pour le Général, son état-major, Durand et le Comte. Pendant le repas, le Général reçut plusieurs lettres; en ayant parcouru une, il interrogea Charles sur les motifs qui le séparaient de son corps; celui-ci lui répondit qu'il venait de mission.

« Je vous demande pardon de mes questions, Capitaine : étant blessé, et de ce côté du Danube, vous ne pouvez être le capitaine de Belmont, déserteur à l'ennemi, et qu'une commission vient de condamner à mort.

— En effet,..... répondit Charles, en s'efforçant de sourire, à moins que je ne joigne au titre infâme de déserteur celui plus infâme encore d'espion.

« — Oh ! cela ne peut entrer dans la pensée d'un Français, et je gagerais bien que ce malheureux officier se repent cruellement de sa faute en ce moment.

— Vous adoucissez l'épithète, Général : c'est *de son crime* que vous avez voulu dire.

— Tout cela est relatif, il faudrait connaître ses motifs : il ne fut peut-être que malheureux. »

A ces douces paroles, Charles fut sur le point de se faire connaître au bon Général ; mais, retenu par la présence des nombreux convives de l'état-major et des hôtes qui les écoutaient, il garda le silence. Cependant le comte de Surville avait quitté subitement la table, aux premières déclarations du Commandant divisionnaire ; Durand avait pâli, et pouvait à peine dissimuler son trouble : Charles, témoin attentif de ces incidens, ne savait à quoi attribuer leur émotion.

Le souper se termina sans autre événement ; Durand semblait en attendre la fin avec impatience, désirant se rendre auprès du Comte qui n'avait point reparu : enfin on se sépara. Charles, conduit dans sa chambre, s'empressa de chercher le repos,... ce fut en vain ; il souffrait considérablement de ses blessures et de sa position cruelle : passer pour déserteur, au moment où le sang de ses hussards avait coulé sous le sabre autrichien !... cette idée était affreuse... En effet, tout pouvait faire présumer une trahison : il engage sa compagnie à vider les caves, à se livrer à la joie : il la quitte ensuite, et prend la route des lignes ennemies avec un Officier qu'il devait faire prisonnier ; l'instant d'après, un parti de cavalerie tombe sur les siens, et ce parti arrive du même point vers lequel il s'était dirigé.... Il calculait avec effroi toutes les présomptions qui s'élevaient contre lui. Emporté, impatienté par l'effet de ses souffrances physiques et morales, il se levait, parcourait sa chambre à grands pas, revenait ensuite sur son lit, dans un état voisin de la démence, et consumé d'une fièvre brûlante.

Le lendemain matin, Durand vint s'informer de son jeune hôte, et le trouva en proie à un délire complet.

Epouvanté de ce spectacle, le bon Franc-Comtois fit de suite appeler son ancien médecin, qui déclara que le malade avait besoin des plus grands ménagemens.

Plus de huit jours s'écoulèrent avant que Charles eût recouvré le sentiment de son existence : il revint à lui aux premiers coups de canon tirés par les Français, qui s'emparaient alors de l'île *Inder-Lobau*, et passaient le bras du Danube qui la sépare de la rive gauche.

« Grand Dieu ! s'écria-t-il, les Français se battent, et je ne puis laver ma honte !.. Mon cheval !... » mon sabre !... je veux partir !.... » Des larmes coulaient de ses yeux avec abondance ; Durand, presque sans cesse auprès de lui , cherchait à adoucir la violence de son agitation.

« Calmez-vous , brave jeune homme, votre impatience ne ferait que retarder votre guérison : les Français ne sont pas encore à l'autre bord; si vous êtes raisonnable, vous pourrez encore les rejoindre avant la fin de la campagne. »

Ces consolations avaient peu d'empire sur de Belmont; trois jours il entendit tonner le salpêtre, et, pendant tout ce temps, il fut livré au plus cruel tourment; on vint enfin lui apprendre l'événement (1) qui retarderait la marche de nos troupes, et ce qui faisait le désespoir de quatre-vingt mille hommes , causa la joie d'un seul qui voulait vaincre avec eux.

Au bout d'un mois de tranquillité et de soins , la jeunesse et la bonne constitution de Charles triomphèrent de sa

____

(1) Les ponts enlevés par le débordement du Danube.

maladie, il recouvrit la santé. Du haut des murs du château de Winter, où il se rendait tous les matins, il contemplait avec joie les apprêts que nos troupes faisaient pour leur passage. Un jour M. de Surville qui l'accompagnait, lui adressa cette question : « Pensez-vous, Monsieur, que le jeune de Belmont, qui, d'après ce que m'a dit le Général, doit être du même régiment que vous, soit réellement déserté, et qu'il puisse être réclamé du Chef des Français dans le cas où la paix viendrait à se conclure ?

— Je ne crois pas, M. Vincent, que cet officier soit assez lâche pour jamais abandonner son drapeau ; mais il n'en est pas moins déshonoré : il a causé la mort de plusieurs braves dont le sort lui était confié ; il mérite à son tour, de perdre la vie, poursuivi du courroux et du mépris de ses frères d'armes.

— Vous le jugez, sans doute, sévèrement ?....

— Je le dois.

— Il fut votre camarade, peut-être votre ami, et cependant.......

— Désabusez-vous, je n'eus jamais de plus grand ennemi que Charles de Belmont, et si je m'étais attaché à tout autres conseils qu'à ceux de cet insensé, je serais le plus fortuné des hommes, et j'en suis le plus malheureux; mais je me console par l'idée que son sang lavera notre commune disgrâce.

— Ce sentiment n'est pas généreux. Il est peut-être bien à plaindre : pourquoi l'accabler encore du poids de votre haine?

— C'est un droit que je me suis acquis; veuillez, je vous prie, Monsieur, m'épargner d'autres explications.

— Vous serez satisfait, Monsieur; mais permettez-moi de vous dire que vos sentimens sont loin de faire l'éloge de votre cœur, et que je ne puis reconnaître en vous un Français digne de porter l'uniforme. »

Après ces mots, prononcés d'un ton

sardonique, le Comte s'éloigna et laissa Charles luttant entre la colère et le désir de témoigner sa reconnaissance.

De jour en jour ses forces s'augmentaient; la conversation qu'il avait eue avec le Comte, l'avait placé dans une fausse position: on diminuait de plus en plus les soins et les égards qu'on avait eus pour lui. Il lui tardait, bien qu'il ne fût pas encore guéri, que les hostilités recommençassent, son projet de mourir glorieusement, étant toujours la seule pensée qui l'occupât. Enfin les travaux de ponts étaient terminés; l'armée passa tout entière dans l'île de Lobau; il la suivit pendant la nuit du 4 au 5 juillet, et, le lendemain, il se trouva dans la plaine de Wagram. C'était peu de mourir dans les rangs ennemis: il fallait que le régiment dans lequel son nom était voué à l'infamie, fût témoin de son trépas; il le chercha donc, et, après l'avoir aperçu, il attendit à une certaine distance une occasion favorable à son dessein. Elle ne tarda pas à se présenter ; son régiment, placé à la droite du duc d'Auerstaëdt, reçut l'ordre de charger les dragons de *Latour* : ceux-ci, que leur nombre devait rassurer sur les effets de ce mouvement, attendirent de pied ferme, le sabre aux dents et le mousqueton armé ; firent d'abord une décharge à bout portant sur nos hussards, saisirent ensuite leurs fers et se défendirent vaillamment. La mêlée devint terrible ; Charles, au plus fort du danger, criait à ses camarades : *Souvenez-vous que je meurs à mon poste, en vengeant mon affront,* et faisait des prodiges de valeur ; mais le nombre des ennemis et la force de leurs chevaux leur donnant un puissant avantage, la victoire penchait de leur côté. Tout à coup Charles s'aperçut que son Colonel, défendant l'étendard, était coupé du reste de sa troupe et entouré d'un nombre considérable d'ennemis : il s'élance aussitôt comme un trait, s'ouvre un rapide passage ; des hussards de sa compagnie viennent de le reconnaître et le suivent ; il frappe sur l'ennemi avec l'acharnement du désespoir, renverse tout ce qui fait résistance, arrive près de son chef à l'instant où, saisi par les dragons, un coup de pointe était dirigé sur sa poitrine ; détourne le fer, tue, terrasse tout ce qui l'entoure. « *Victoire ! victoire !* s'écrie-t-il, *en avant, mes amis, fêtez mes funérailles !* » Un instant d'hésitation se manifeste parmi les dragons : leur chef vient de tomber sous les coups de Belmont ; les hussards répètent les cris *de victoire, en avant:* l'ennemi s'ébranle, il fuit, il est en pleine déroute..... Arrivé à la position dont on veut s'emparer, on cesse de le poursuivre. Le Colonel s'empresse de demander son libérateur : il n'est plus au nombre de ses braves : il fait parcourir le champ de bataille ; on le cherche parmi les victimes de cette action, et bientôt Charles, sans mouvement, est apporté devant le front des escadrons vainqueurs.

On reconnaît qu'il n'a reçu que de l

gères blessures ; mais que d'autres qui n'étaient pas entièrement cicatrisées , venaient de se rouvrir, et qu'une perte prodigieuse de sang avait occasionné sa chute de cheval et l'état d'anéantissement où il se trouvait. On s'empressa de lui donner les premiers soins ; revenu à lui-même , il voulut arracher les bandages qu'on venait de lui appliquer. Son Colonel reconnaissant, devinant le motif de son désespoir, en arrêta les effets , en lui annonçant que la seule action qu'il venait de faire, suffisait pour racheter sa faute , si sa conduite à la porte de Ratisbonne ne lui avait pas déjà mérité la reconnaissance de l'armée.

« Ne devez-vous pas , lui dit Charles qui l'avait à peine entendu, ne devez-vous pas me dégrader en face du régiment ?

— Sans doute, répliqua le Colonel , en souriant, je dois vous ôter vos tresses de capitaine, mais c'est pour les remplacer par celles de chef d'escadron , dont j'ai reçu pour vous le brevet depuis plusieurs jours, avec une lettre qui, annullant la condamnation du jeune de Belmont, le constitue Chevalier d'Empire, sous le nom de *Régensbourg* (1), en mémoire de son action d'éclat.

— Oui, mon cher Charles, dit alors St.-Paul qui, à genoux près de lui, soutenait sa tête appesantie ; j'ai pris sur votre aventure plusieurs informations ; j'ai su des hussards blessés de votre compagnie, que vous aviez été vous-même victime d'un instant d'oubli ; j'ai osé appeler de votre jugement, et quand je sollicitais pour vous, près du Général en chef, le Maréchal qui se trouvait de service, s'est rappelé votre réponse à ses questions devant Ratisbonne ; il a fait connaître votre dévouement à Napoléon qui vous a rendu à l'estime et à l'amitié de vos amis. »

Charles n'osa d'abord croire à tant de

______

(1) En allemand, Ratisbonne.

bonheur; il pressa St.-Paul dans ses bras, saisit la main que lui présentait son Colonel, et tout à coup reprenant sa gaîté :

« Qu'on me donne un cheval ! s'écriat-il, il n'y a pas moyen d'entendre tout cela sans montrer encore une certaine vigueur ! »

Cependant trois de ses camarades furent forcés de lui prêter leur appui pour le mettre en selle, et, la victoire étant décidée de toute part, il suivit son corps à la position où il devait passer la nuit.

CHAPITRE V.

La campagne terminée, l'armée française était campée aux environs de Brünn, en Moravie; le chef d'escadron, Charles de Belmont, ou Chevalier de Régensbourg, ainsi que le capitaine St.-Paul, se trouvait dans cette ville, et logé chez M. et Madame Frieden. St.-

Paul avait été accueilli comme devant bientôt faire partie de la famille ; le Chevalier avait été reçu comme une ancienne connaissance qu'on revoit avec plaisir, mais sur laquelle on ne fonde aucune espérance. Les projets de St.-Paul continuaient d'être un mystère pour de Belmont ; cependant il s'était aperçu que son ami était traité avec des égards qui annonçaient une préférence marquée ; il ne voulait pas le forcer à la confiance, et désirait néanmoins connaître les motifs des longues conférences qu'il avait parfois avec ses hôtes, desquelles lui-même était toujours exclu.

Un jour où par hasard il se trouvait dans le jardin seul avec Georgina, après quelques minutes d'entretien, il lui parla ainsi :

« Je crois, Mademoiselle, que mon ami a trouvé le chemin de votre cœur, et celui des bonnes grâces de votre famille ; ou je me trompe fort, ou l'on pense à votre heureuse union ; du reste, je vous en félicite , bien qu'il soit cruel pour moi de renoncer à un espoir dont je m'étais si long-temps flatté ; je ne puis qu'applaudir à la sagesse de votre choix : St.-Paul est un brave officier ,..... un homme estimable sous tous les rapports ,..... d'un âge mûr, dont l'expérience vous assure un solide et prudent appui :..... il mérite son bonheur.....

— Vous vous trompez, Monsieur ; votre ami, plus heureux encore que vous ne le pensez, porte ses vues sur ma jeune sœur, et s'y trouve autorisé par mes parens.

— Est-il vrai ?..... en effet, je me rappelle de certaine déclaration qu'elle m'a faite.

— Ma sœur vous aurait-elle écrit ?

— Non, je l'ai vue.

— Comment ! expliquez-moi.....

— On prétend qu'elle sera bientôt ici, vous saurez alors comment s'est opérée cette rencontre ; maintenant, dites-moi, quel est donc le rival fortuné de mon camarade?

— Je vois que vous êtes bien instruit; ce rival n'en est plus un pour lui : fils d'un ancien ami de mon père, après avoir vu Julia, il désirait s'allier à notre famille; mais, du moment où il eut connaissance des engagemens pris avec M. St.-Paul, il a renoncé à ses prétentions. Il nous voit souvent; vous dînerez aujourd'hui avec lui; c'est le banquet d'adieu : il quitte ce pays où il a pourtant de vastes propriétés.

— Voilà donc deux hommes malheureux faute de s'entendre: celui-ci, pour s'y être pris trop tard, et mon ami, pour être arrivé trop tôt. J'ai bien envie de les ramener tous à leurs véritables intérêts.

— Je ne vous le conseille pas : mon père, qui vient de sacrifier au maintien de sa parole, une fortune brillante pour sa fille, serait cruellement offensé qu'on cherchât à le dégager de ses obligations, et ne reviendrait jamais, par un motif d'intérêt, sur le refus d'unir ma sœur à celui qu'elle aime.

— En ce cas, je me tairai sur cet article.

— Si j'ai fait une indiscrétion en vous révélant nos secrets de famille, je m'imagine que vous n'en abuserez pas.

— Vous devez en être assurée.

— J'aime à le penser, M. de Belmont; car vous m'inspirez beaucoup de confiance... Mais j'entends du bruit dans les bosquets. Adieu. »

Charles, voyant fuir son aimable conquête, restait les yeux fixés sur elle, lorsqu'il entendit les pas de plusieurs hommes, qui bientôt s'arrêtèrent à peu de distance de lui.

« Je lui dois la vie, dit l'un d'eux, et je serais trop heureux de le sauver aujourd'hui des persécutions qui le menacent; mais nous venons d'être aperçus ensemble par des gendarmes qui l'ont reconnu, et ma maison ne serait plus un

asile convenable pour le garantir de leurs
poursuites. Veuillez le recueillir pendant
quelques jours, M. Frieden, je vous en
aurai la plus vive reconnaissance.

— J'y consens, mon cher Lorber,
mais êtes-vous bien certain qu'on ne
vous ait point vu entrer par cette petite
porte du jardin ?

— Je l'espère; dans tous les cas, je
l'ai fermée au verrou.

— Je vous préviens aussi que deux
officiers français logent chez moi : il faut
que Monsieur consente à éviter leur présence.

— Sans doute, répliqua Lorber, les
compatriotes de M. Vincent sont ses
plus grands ennemis....

— J'entends frapper à la petite porte,
reprit M. Frieden épouvanté, on vous
aura suivi... Grand Dieu ! que faire !.. »
Charles se dirigeant vers les trois personnages qu'il venait de reconnaître :

« Allez ouvrir à la gendarmerie, dit-il
à M. Frieden, et dites que vous n'avez

rien vu; Lorber, fuyez par la maison; je me charge de mon compatriote Vincent.

— Vous ! Monsieur, s'écria le Comte avec une surprise mêlée de défiance.

— Moi-même, répliqua Charles, *tout indigne que je suis de porter l'uniforme*; mais c'est assez raisonner, suivez-moi dans ma chambre : j'ai une alcove, cela me suffira.... Laissez entrer les gendarmes. »

On continuait à frapper violemment à la porte, et, revenus de leur première surprise, MM. Frieden, Lorber et Vincent suivirent les conseils du Chef d'escadron. La petite troupe qui était à la poursuite du Comte étant introduite, parcourut tous les détours du jardin et les différens appartemens de la maison; arrivé à celui de Charles, le sous-officier qui la dirigeait, s'excusa envers lui de ne pas s'en être rapporté à l'hôte, qui avait désigné cette chambre comme étant occupée par un officier supérieur.

« Vous avez raison, Maréchal des logis, lui répliqua Charles, il faut faire votre devoir; de quoi s'agit-il ?

— Oh ! Colonel, répond le Sous-Officier, nous sommes à la chasse d'un ancien émigré qui s'est avisé de conspirer contre l'Empereur Napoléon , et de vouloir l'assassiner à Schœnnbrunn : vous pensez que le gaillard en aura pour son compte; il a quitté Vienne depuis quinze jours, pour prendre la route de la Moravie; nous avons remarqué aujourd'hui dans la rue un homme en tout semblable au signalement que nous avons de lui, et qui s'entretenait avec un des habitans du pays : nous ayant aperçus, tous deux ont pris la fuite, et nous sommes assurés qu'ils sont entrés dans cette maison par le jardin.

—Diable! ceci est sérieux, cherchez ce coquin-là et qu'on en fasse une prompte justice; mais, dites-moi, n'a-t-il pas un habit brun, une culotte noir, des boucles d'argent ?

— C'est cela même.

— Eh bien ! je gage que c'est lui que je viens de voir courir vers le haut de cette rue, suivi d'un autre en habit gris.

— Ce sont nos hommes ! s'écria le gendarme ; à moi, mes amis, courons de ce côté ; » et la troupe suivit aussitôt son chef vers la direction qui lui était indiquée. M. de Surville qui, pendant cette scène, était resté caché dans l'alcove où se trouvait le lit de son protecteur, sortit alors, et lui témoigna sa reconnaissance, mais dans des termes à lui faire voir qu'il n'avait pas encore oublié la discussion du château de Winter.

« Vous venez de me prouver, Monsieur, que la générosité n'est pas étrangère à votre âme : je m'en étonne au souvenir de votre animosité contre le jeune de Belmont.

— Ne me parlez pas de ce drôle, lui

répondit Charles en souriant, je ne puis concevoir que l'on s'intéresse à un pareil sujet. »

M. de Surville, indigné d'entendre parler ainsi d'un membre de sa famille, était sur le point d'éclater, lorsque Lorber, revêtu d'un manteau, coiffé d'un schakos de hussard, procurés par St.-Paul, et apportant au Comte un semblable travestissement, vint troubler l'entretien.

« Partons, M. Vincent, deux bons chevaux vont nous transporter dans une retraite que je possède à trois lieues de cette ville, où vous serez en sûreté. »

Le Comte, s'empressant de céder à cette invitation, sortit en saluant froidement l'ennemi supposé de son neveu.

Nous devons faire connaître les motifs qui amenèrent cette dernière rencontre.

M. de Surville, ayant appris la condamnation de Charles de Belmont, s'était rendu à Schœnnbrunn (1), dans l'intention de parvenir jusqu'à Napoléon, et d'obtenir la grâce du coupable, dans le cas où il retomberait, par suite d'un traité de paix, au pouvoir du vainqueur. Le Comte n'avait pu parvenir jusqu'au Chef de l'armée, et, peu satisfait de ceux auxquels il s'était adressé, il avait fait entendre des murmures qui étaient parvenus jusqu'à l'un des chefs de la police française en Allemagne, qui venait de découvrir une espèce de conjuration. Le Comte apprit bientôt, par les habitans des environs de Winter, qu'on prenait des informations sur lui, et, se rappelant son inconséquence, il partit une nuit du château, en prévenant son ami Durand par une lettre où il lui disait que, ne voulant pas l'entraîner dans sa disgrâce, il prenait le parti

______

(1) Château impérial, près de Vienne en Autriche, que Napoléon habita avant la bataille de Wagram.

de s'éloigner seul des environs de Vienne, et d'aller réclamer, pour quelque
temps, l'appui de M. Lorber qu'il avait
revu plusieurs fois depuis les premiers
temps de son exil. Il était depuis quelques jours chez M. Lorber, lorsqu'il fut
aperçu par les gendarmes, et sauvé,
ainsi que nous l'avons raconté, par l'a-
dresse de son neveu.

Sur ces entrefaites, Julia Frieden revint de sa pension, et son retour fut fêté;
Charles reçut alors tous les éloges que
lui avait mérités sa conduite à Ratisbonne.

L'armée avait établi de véritables
camps de parade; chaque division s'é-
tait fait une ville, chaque compagnie habitait sept à huit baraques d'un aspect
régulier; les façades blanchies, ornées
d'aigles, de drapeaux et de devises, offraient, dans leur ensemble, le coup
d'œil le plus pittoresque; des cafés, des
salles d'escrime, des jeux de paume et
de billard, des manèges, couvraient les

champs dont la récolte avait été détruite.
Les habitans des pays circonvoisins, arrivaient de toute part, pour admirer ce
spectacle, et tous s'en retournaient surpris des égards que leur montraient les
conquérans de ces contrées.

Un jour, la famille entière de M. Frieden résolut d'aller, accompagnée de
St.-Paul et de Charles, visiter les camps
rapprochés de Brünn. Julia, qui avait
conçu l'espoir que Lorber viendrait, ce
jour même, prendre congé de ses parens, désirait ne point s'absenter; n'o-
sant se dire malade, car alors on la con-
damnait à garder sa chambre, et son
but était manqué, elle ne savait trop
qui choisir pour la seconder; elle ne
pouvait s'adresser ni à St.-Paul, ni à sa
sœur, ni à ses parens : Charles était donc
le seul sur lequel elle pût encore fonder
quelque espoir. Ne pouvant l'entretenir
devant ses parens, après une nuit de
réflexion, elle prit le parti de venir le
trouver dans sa chambre.

Il était dix heures du matin ; on devait partir à midi : Charles venait de terminer sa toilette, lorsqu'il entendit frapper doucement à sa porte. S'étant em-
pressé d'ouvrir, il vit avec la plus grande
surprise sa jeune et charmante hôtesse,
tremblante et rouge de confusion.

« Quel heureux hasard me procure
une si agréable visite?..... Entrez,..... je
vous en prie.

— Je n'ose, M. Charles ; si on me
voyait, je serais perdue : je n'ai que peu
de choses à vous dire.

— Je vous entendrai mieux ici ; venez, ne craignez rien : vous savez que
nous ne sommes plus que de vieux
amis.

— Vous êtes généreux, dit Julia en
entrant dans la chambre du Chevalier,
qu'il ferma au verrou, afin d'éviter
toute surprise ; et, bien que peut-être
j'aie des torts à me reprocher envers
vous, j'ai de vous une si haute opinion
que je viens vous demander un service.

« — Flatteuse ! ingrate !..... parlez, je ferai tout ce que vous désirez.

— Il faut vous dire très-malade, afin qu'on remette la partie de campagne d'aujourd'hui.

— Le motif?

— Je vous le dirai..... demain.

— Que me donnerez-vous pour cela?

— Toute ma reconnaissance.

— J'aime mieux un baiser.

— Vous savez bien que je ne le puis : mon cœur n'est plus libre.

— Raison de plus, ce sera sans consé-quence ; encore un.

— Non, non, je me sauve, adieu.....

— Un instant :..... j'entends marcher dans le corridor ; c'est Saint-Paul..... il vient ici.

— Ah ! M. Charles, que devenir? où me cacher?

— Vite dans cette alcove.

— Congédiez-le bien vite ; n'oubliez pas que vous êtes malade. »

Au même instant la porte s'ébranla.

« Eh bien ! vous êtes enfermé, Commandant ! cria Saint-Paul.

— Je suis à vous, Capitaine, répondit Charles en lui ouvrant la porte, après
avoir refermé l'alcove.

— Vous étiez sans doute occupé?

— Pas positivement; je me trouve un
peu malade, j'allais essayer de dormir.

— Que je ne vous gêne pas; jetez-
vous sur le lit, nous causerons également.

— Non, non, ce n'est pas la peine.
Dites-moi, comment vont nos hôtes?
les avez-vous vus ce matin?

— Ils se portent tous parfaitement.
M. Frieden me suit; il vient, ainsi que
moi, vous faire une confidence.

— Vraiment ! je le recevrai avec le
plus grand plaisir. »

Au même instant M. Frieden, suivi
de deux domestiques portant des cor-
beilles remplies d'un excellent déjeuner,
se présenta dans la chambre en disant
qu'il prenait la liberté d'en agir ainsi

pour n'être point troublé par les dames dans un petit repas d'amis qu'il avait fait apprêter pour se mieux préparer à la promenade.

Charles, oubliant son rôle de malade, applaudit à cette surprise, et, tout étant disposé, on se mit à table; le déjeuner commencé, M. Frieden devint expansif, et le Chevalier reçut bientôt la confidence qu'on avait à lui faire : il s'agissait du mariage de Saint-Paul et de Julia.

« Pendant que nous sommes ici, ajouta M. Frieden, ma femme doit en entretenir sa fille, pour la première fois. Je pense que Julia sera très-satisfaite de notre arrangement, quoiqu'elle ait une mauvaise idée d'un mariage de convenance: ces jeunes personnes n'entendent rien à tout cela; elles s'imaginent qu'il faut être amoureux pour se marier, et qu'ensuite cela dure éternellement! Ces pauvres filles ! elles ne savent pas que deux mois d'hymen aplanissent tout : l'amour, la grâce, la beauté, le dégoût, la laideur, tout se confond dans l'habitude ou l'ennui de vivre ensemble.

— Parbleu! M. Frieden, reprit Charles, voilà un superbe raisonnement! J'ai envie de le mettre en pratique, et d'épouser incessamment quelque vieille douairière, pour servir d'exemple à nos neveux, et leur prouver que se marier, n'importe comment, est le point essentiel pour jouir de la plus grande félicité que l'hymen puisse promettre. A votre santé. »

Pendant que les trois convives s'entretenaient, on vint annoncer M. Lorber qui sollicitait la grâce de faire ses adieux à M. Frieden; celui-ci demanda à ses hôtes la permission de le recevoir, et Frédéric entra dans la chambre. Il raconta qu'il avait heureusement conduit M. Vincent dans une de ses propriétés, hors des lignes françaises, et qu'ayant des affaires indispensables à terminer à Vienne, il allait s'y rendre sur-le-champ.

Comme il parlait, on entendit des pas

précipités dans le corridor; tout à coup madame Frieden et Georgina, hors d'haleine, entrèrent dans l'appartement.

« Avez-vous vu Julia? s'écria madame Frieden tout effrayée.

— Pas du tout, répond son époux.

— Grand Dieu! elle est disparue!» et elle tomba sans connaissance.

M. Frieden s'élança vers son épouse.

« Ouvrez l'alcove, dit St.-Paul, placez-la sur le lit.

— Non, non, s'écria Charles, en se portant sur ce point; débarrassez ce sopha, elle y sera beaucoup mieux. »

Après quelques minutes, madame Frieden reprit ses sens : Charles, qui désirait vivement voir terminer cette scène, fit la proposition de la transporter dans son appartement : elle parut goûter son avis, et sortit appuyée sur les bras de son époux et du Chevalier; sa fille et ses gens les suivirent. Lorber et Saint-Paul étaient restés ensemble. Le Capitaine, qui avait été instruit du penchant de Julia pour Frédéric, le considérait d'un œil scrutateur, et paraissait frappé de l'idée qu'il n'était pas étranger à la disparition de Julia. Lorber le fixant à son tour :

« Je lis dans vos regards, Monsieur, un soupçon qui m'offense : je puis être trahi dans mes vœux ; mais sachez que je ne sais point réparer un malheur par une lâcheté.

— Pourquoi vous hâter de vous justifier, lorsque personne encore ne vous accuse ? Prenez-y garde, cela pourrait vous faire supposer coupable.

— Une pareille accusation, sans preuve, ne viendrait que d'un être capable de commettre un tel attentat.

— Vous m'en supposez donc capable moi-même : c'est une insulte dont je vous demande raison.

— Vous serez satisfait, répond Frédéric avec fierté, suivez-moi.

— Au nom du Ciel ! arrêtez ! » s'écria Julia, sortant rapidement de l'alcove, et tombant sur ses genoux entre les deux adversaires.

Charles rentrait en cet instant, il parut pétrifié; tous quatre, agités de sentimens différens, restèrent comme frappés de la foudre. La jeune personne, que son inconséquence venait de perdre aux yeux de son amant et de celui qui désirait lui donner son nom, pâle, les cheveux épars, la poitrine oppressée, semblait être une victime arrivée au lieu du supplice. Saint-Paul la fixait avec des yeux où se peignaient à la fois le mépris et la fureur; Lorber, les traits contractés, portait sur tous un sourire amer; il rompit le premier le silence :

« Adieu, je vous laisse à vos remords : aucun de vous ne mérite une goutte de mon sang. » Il sortit en refermant brusquement la porte.

« Voilà le dernier coup ! s'écria Julia, je me meurs..... »

Elle tomba en faiblesse. Charles, voyant que Saint-Paul ne s'occupait point de la malheureuse amante de Lorber, la plaça sur le sopha, lui frotta les tempes d'eau de Cologne, et parvint enfin à lui rendre l'usage de ses sens. Se tournant ensuite vers le Capitaine :

« Maintenant que vous vous êtes on ne peut plus mal conduit dans toute cette affaire, me direz-vous pourquoi la colère éclate encore dans vos regards?

— Maintenant, reprit Saint-Paul, du même ton, et plus agité; maintenant qu'à mon arrivée ici j'ai trouvé votre porte close, que votre maladie est disparue, et que j'ai vu sortir Mademoiselle de votre alcove, me direz-vous si je dois me féliciter de votre conduite, et continuer de croire à l'innocence de celle qui me fut destinée?

— Ma conduite est facile à justifier; quant à l'innocence de Julia, je ne lui fis jamais le moindre tort; mais ce n'est pas le moment de vous expliquer cette sin-gulière rencontre.... Venez, Mademoiselle, je vais vous conduire auprès de votre mère ; je dirai que je vous ai trouvée sans connaissance, dans un coin de la maison, dans le jardin, où vous voudrez, afin d'éviter un plus grand scandale. On croit si peu à ma sagesse, que nous ne saurions prendre trop de précautions.

—Non, Monsieur, non, reprit Julia avec énergie, je dirai la vérité ; votre honneur et le mien l'exigent également. Ceux que ma franchise ne pourra persuader m'obligeront en cessant de s'occuper de moi. Restez, je vous prie. »

Elle sortit, et Charles s'occupa aussitôt d'expliquer à son ami, avec toute sa franchise, les motifs de la visite de mademoiselle Frieden, et comment, par suite, elle avait cru devoir se soustraire à sa vue ;. lui jurant sur l'honneur que son rôle dans toute cette aventure n'était que purement passif, à un baiser près qu'il avait reçu, entièrement désintéressé.

L'air de bonhomie et la simplicité qu'il apporta dans son récit, parvinrent à convaincre St.-Paul, qui ne songea bientôt plus qu'au malheur qu'il avait d'aimer une ingrate. Depuis plusieurs années, il s'était nourri du doux espoir de l'unir à son sort; il l'avait revue plus belle et plus aimable encore qu'il ne l'avait quittée; à la vérité, madame Frieden, avec laquelle il n'avait cessé de correspondre, lui avait fait connaître que M. Lorber en était épris, et que, pour éviter les suites d'un amour *qu'elle paraissait voir sans en être offensée*, on l'avait conduite dans une ville éloignée où, dans peu de temps, elle devait oublier les poursuites dont elle était l'objet. La scène qui venait de se passer, prouvait au Capitaine que madame Frieden s'était au moins trompée elle-même; mais il ne pouvait plus se faire illusion sur les conséquences qu'entraînerait la réussite de ses premiers projets; il ne s'agissait plus, en ce moment, que de se tirer en honnête homme de la situation pénible dans laquelle il se trouvait placé, c'est-à-dire, en justifiant envers les parens son refus d'épouser Julia, sans attenter à l'honneur de cette jeune personne qui, bien qu'un peu légère, méritait des ménagemens.

Les jours suivans, nos Officiers furent servis dans leurs appartemens; M. et madame Frieden, accablés de tristesse, se croyant diffamés par la conduite de la plus jeune de leurs filles, ne reçurent aucune visite; ils écrivirent néanmoins au Capitaine qu'il pouvait se regarder comme dégagé de toute promesse envers la famille.

Un matin que les deux amis se promenaient ensemble dans le jardin, ils apprirent, par un domestique, que M. Frieden avait été enlevé pendant la nuit par la gendarmerie, et placé dans une chaise de poste, sous la responsabilité d'un officier de cette arme, ayant ordre de le conduire en France. Il était accusé d'avoir soustrait aux recherches de la police plusieurs conspirateurs contre la vie de Napoléon.

Trop généreux pour abuser de la confiance de Lorber, il avait satisfait aux ordres qui lui étaient prescrits, sans tenter aucune justification. A l'instant où St.-Paul et Charles se disposaient à porter à madame Frieden les faibles consolations qu'ils pouvaient lui offrir, on vint leur annoncer que leur régiment recevait l'ordre de partir sur l'heure, et que déjà les trompettes sonnaient *à cheval*. Contraints de s'occuper promptement de leurs préparatifs, ils se contentèrent d'écrire quelques lignes à leur hôtesse, et se disposèrent à rejoindre leur troupe déjà sous les armes. En sortant de la maison où, en si peu de jours, tant d'événemens venaient de se succéder, Charles jeta un coup d'œil vers les croisées qui donnaient sur la rue, et aperçut Georgina arrosant de ses larmes un mouchoir qu'elle laissa tomber en se retirant; il s'empressa de le ramasser, enfourcha sa monture, et partit au galop.

Le régiment de hussards prit la route de Vienne où il stationna trois semaines environ. Le chevalier de Régensbourg parcourut alors les édifices publics, les promenades, et visita toutes les curiosités de cette ville. Un jour où il s'était rendu de bonne heure au Pradher, il aperçut, au bout d'une allée de ce parc, un cavalier qui paraissait le fixer avec attention, et dont il crut reconnaître les traits; il poussa son cheval à sa rencontre, et reconnut Frédéric.

« Je me félicite de cette rencontre, Monsieur, lui dit-il en l'abordant : elle m'offre l'occasion de justifier à vos yeux une jeune personne qui, loin de mériter vos reproches et vos injures, est digne, au contraire, de toute votre tendresse.

— Dispensez-vous de cette peine, Monsieur : son excuse dans votre bouche ne serait qu'une preuve de plus contre elle.

« — Ceci est une impertinence, Monsieur, et je vous en demande satisfaction.

« — Vous l'aurez à l'instant même. Avez-vous des pistolets? »

Ayant aussitôt tiré de leurs arçons les armes destinées au combat, ils mirent pied à terre, convinrent de se placer à trente pas, et d'avancer l'un sur l'autre à volonté, jusqu'à ce que mort s'ensuive. Toutes dispositions étant prises, le Chevalier courut sur son adversaire et, arrivé à six pas de lui, ajusta sa première balle que Lorber évita par un prompt mouvement à gauche. Charles, honteux et colère de sa maladresse, arma son second pistolet, poursuivit Frédéric, qui parut l'attendre une seconde fois; lorsqu'il crut être assez près, il déchargea sur lui son second coup de feu; trop de précipitation trahit encore son espérance. Lorber, s'avançant à son tour, lui cria :

« Je suis maître de votre vie ; c'est un avantage dont je ne profiterai point. Retirez-vous, Monsieur : votre bravoure peut défendre une plus belle cause.

— Non, tuez-moi, s'écria Charles au désespoir, en jetant ses armes, je me suis battu comme un sot ; je mérite mon sort.

— Eh bien, soit ! lui répond Lorber avec sang-froid, je vous tuerai ; mais avant tout j'ai besoin de vous croire, et je me sens mieux disposé à vous entendre qu'au premier moment de notre rencontre. Vous êtes sur le point de quitter la vie ; parlez-moi sans détour : comment Julia se trouvait-elle dans la situation cruelle où je l'ai vue ?

— Je vais vous satisfaire ; mais promettez-moi que quelles que soient les vérités que je vais vous dire, elles ne changeront rien à votre détermination de me brûler la cervelle.

— Je vous jure, lui répondit sérieu-

sement Frédéric, que rien ne peut ébran-
ler ma résolution actuelle. »

Charles lui répéta le même récit qu'il
avait déjà fait à St.-Paul, et chaque circonstance parut enchanter son auditeur
qui, au comble de la joie, pria le Chevalier de lui permettre de renvoyer à
une autre fois, le plaisir qu'il se pro-
mettait de le tuer à son aise, l'assurant
ensuite que jamais son intention n'avait
été de lui ôter la vie, et que ses principes s'opposaient à ce qu'il versât le
sang. Notre Chef d'escadron ne savait
comment recevoir une telle générosité ;
la rage et la confusion se peignaient tour
à tour sur ses traits ; mais Lorber chercha, par ses discours, à rendre le calme
à ses esprits.

« Ne soyez point honteux de me devoir quelque chose ; lorsque je puis être
généreux, mon indiscrétion ne désho-
norera point mes bienfaits. Je vous ai
d'ailleurs plus d'obligations que vous ne
pensez : sans vous, je perdais pour tou-

jours l'objet de mes plus chères affections. Un bon office en mérite un autre : acceptez mon amitié, et, en considération de cet échange, ne songeons plus au passé : touchez-là.

— Vous êtes un singulier corps, répondit Charles, en saisissant la main que Frédéric lui présentait : tout à l'heure vous paraissiez avoir toutes autres dispositions que celles que vous me témoignez en ce moment..... Allons, puisque vous voulez que je vive, j'en serai quitte pour ajouter cette leçon sur mes tablettes : soyons amis.

— C'est très-bien, reprit Lorber ; à présent il faut vous dire que je me propose de faire un voyage à Paris où je connais un grand nombre d'habitans ; autrefois, je me suis trouvé lancé dans le grand monde de cette Capitale, et je trouverai peut-être le moyen d'y être utile à M. Frieden. Vous savez sans doute qu'il s'y trouve détenu ?

—J'ai eu connaissance de son malheur à l'instant où j'allais quitter Brünn.

— Et moi je viens de l'apprendre par une lettre de Georgina qui profite de cette circonstance pour me confier les secrets de son cœur. N'êtes-vous pas ému à cette déclaration ?

— Que voulez-vous dire ?

— Vous le saurez. Montons à cheval et venez déjeuner chez moi. »

Ce conseil fut suivi : ils quittèrent le Pradher, animés de la plus heureuse intelligence, et cette matinée suffit pour établir entre eux une parfaite intimité.

CHAPITRE VI.

Une partie de l'armée était de retour en France ; plusieurs corps étaient arrivés dans la Capitale pour assister aux cérémonies du mariage de Napoléon et de Marie Louise archiduchesse d'Autriche : l'épouse répudiée du conquérant était allée cacher ses larmes loin du bruit des réjouissances publiques, et ses chagrins semblaient être le triste prélude des maux qui devaient bientôt accabler la patrie.

Le régiment de Charles était au nombre de ceux qui composaient la garnison de Paris.

M. Frieden n'était plus détenu ; mais se trouvait encore sous la surveillance de la haute police : toute sa famille était venue à Paris se réunir à lui. Lorber lui avait été fort utile, et était reçu de nouveau dans la maison, à condition cependant qu'il ne serait plus question d'alliance avec Julia. Le père de cette jeune personne avait trouvé de son devoir de rendre à St.-Paul la parole qu'il en avait reçue ; mais telles étaient ses idées à ce sujet, qu'il aurait cru manquer à l'honneur en revenant sur le refus fait à Frédéric, et en lui accordant, pour épouse, une fille dont un autre avait le droit de suspecter l'innocence.

Le Chevalier de Régensbourg , lancé
dans les belles sociétés des faubourgs
Saint - Germain , Saint - Honoré et de la
Chaussée-d'Antin, ne songeait nullement
à Georgina dont il avait excité la tendresse et qui payait de ses pleurs la faiblesse qu'elle avait eue de l'écouter. Il
venait un jour de parcourir à cheval le
bois de Boulogne dans lequel il avait été
surpris par un violent orage ; en des-
cendant la grande avenue des Champs-
Elysées , précisément en face de l'allée
de Marigny, il vit, près d'une calèche ar-
rêtée , et dont le grand ressort venait
de se briser , deux Dames que cet accident avait contraintes à descendre au
milieu d'une boue dont elles ne pouvaient sortir pour gagner une des contre-
allées. Un gros homme les soutenait et
semblait, par sa maladresse, plutôt s'opposer à leur marche que leur aplanir
les difficultés. Charles mit pied à terre
et, laissant son cheval à son domestique,
vint obligeamment présenter la main

d'abord à la moins jeune de ces Dames, qui ne paraissait avoir que trente ans au plus ; l'ayant conduite à bon port, il courut rendre le même service à l'autre, dont la modestie semblait souffrir d'agréer l'appui d'un inconnu. Pendant que le jokey et le cocher examinaient la calèche, et que le gros cavalier de ces Dames continuait à pétrir la boue sans pouvoir la franchir, Charles était allé donner des ordres à son domestique qui prit le galop vers la place Beauveau.

« Recevez nos remercîmens, Monsieur, dit à Charles l'aînée des deux Dames : sans vous nous restions à cette place aussi long-temps que notre guide.

— Je crois, Marraine, interrompit la plus jeune, que le cher Baron va prendre racine.

— Vous pardonnerez, j'espère, mon indiscrétion, Mesdames, je viens, sans vous consulter, d'envoyer chercher une voiture de place.

— C'est fort bien imaginé, Monsieur,

s'écria le Baron, alors je vais l'attendre ici ; si je retire mes jambes de cet endroit, j'y laisse mes bottes : ainsi je ne veux m'en débarrasser que pour monter en voiture. » Cette réflexion provoqua les éclats de rire de la petite réunion, et le Chevalier continua d'entretenir ses aimables compagnes, dont la plus jeune excitait toute son attention. Sous un grand chapeau de satin vert, noué sous le menton, Charles venait de découvrir des yeux animés de la plus charmante expression : bleus, à fleur de tête ; une bouche enchanteresse dont les lèvres de corail décrivaient l'arc de l'amour ; des joues où le plus vif incarnat s'unissait à la plus éclatante blancheur, et un sourire qui semblait celui d'un ange.

Pour la première fois de sa vie, Charles ressentit un embarras d'esprit dont il ne pouvait se rendre compte ; voulant animer la conversation par quelques traits spirituels, sa langue ne balbutiait

que des mots sans suite ; désirant aug-
menter la grâce de sa tournure , sa contenance devenait gauche et empesée ;
heureusement pour lui peut-être, un
fiacre, conduit par son valet, vint mettre fin à la gêne qu'il éprouvait : ces
Dames et leur cavalier se placèrent
aussitôt dans la voiture ; le Chevalier sollicita la faveur de les accompagner à
cheval jusqu'à leur demeure, afin, ajouta-t-il, d'être bien assuré qu'elles n'é-
prouvassent pas une seconde mésaven-
ture. Arrivé à la porte de l'hôtel où ces
Dames descendirent, il feignit de vouloir
s'éloigner, en les félicitant d'être échap-
pées à d'autres dangers ; mais la politesse
exigeait qu'on le priât d'entrer : le Baron
se chargea de ce soin.

« Je me flatte, Monsieur, que vous ne
nous refuserez pas l'honneur de faire
avec nous plus ample connaissance :
voici d'ailleurs l'heure du dîner ; j'ai fait
préparer, d'après les principes de notre
fameux Beauvilliers, un faisan et un

plat de tortue, desquels je désirerais fort avoir votre sentiment.

— Vous êtes bien bon, Monsieur, je craindrais de me montrer indiscret.....

— Du tout, du tout, Monsieur; pour vous ôter tout scrupule, je vous dirai que ce sont ces Dames qui m'ont chargé de vous faire cette invitation : hâtez-vous d'accepter, je vous en conjure, car j'ai un appétit de poëte. »

Charles ne balança plus, renvoya ses chevaux, et suivit le baron de Gallina.

Il est nécessaire, pour l'ensemble de notre histoire, de remonter à une époque de trois années, époque à laquelle nous avons laissé madame de Ligneville partant pour le pays de Caux, accompagnée de son ami le gastronome, pendant que Thérèse se dirigeait vers la prison de son amant.

On se rappelle que dans le château où Robert se trouvait détenu, on venait d'annoncer l'arrivée d'un Général-Inspecteur. La mission de cet officier avait pour but d'examiner, avec le plus grand soin, les motifs qui avaient provoqué l'arrestation de chaque détenu, et d'en faire un rapport au Gouvernement, qui statuerait, sans autre information, sur la mise en cause ou en liberté des prisonniers. Robert était parvenu à inspirer un véritable intérêt à ce Général, homme d'ailleurs rempli de justice et d'humanité, qui, bien persuadé de son innocence, parvint, après beaucoup de démarches, à briser ses fers, et à l'unir à Thérèse. Les deux époux, rendus au bonheur, étaient partis pour la Franche-Comté, afin d'y régler leurs petits intérêts, et avaient pris ensuite la route de Normandie où Robert, sous son véritable nom, devait recueillir les fonds que son père lui avait légués. Quelle fut la surprise des époux lorsqu'arrivés au lieu de leur nouvelle destination, ils trouvèrent madame de Ligneville en possession du bien sur lequel ces fonds étaient hypothéqués !

Le beau-père de cette veuve était le négociant avec lequel le marquis avait jadis traité. On se rappelle que M. de Ligneville père avait acheté des titres de noblesse, auxquels se rattachait le nom de Ligneville, nom qu'il avait porté, et qui n'était point le même que celui contenu dans le contrat de créance que Robert possédait. Sylvérine connaissait les sommes dont ses biens étaient grévés, sans avoir jamais vu le nom de ses créanciers; elle fut enchantée de voir ces nouveaux rapports établis entre elle et ses anciens amis : les arrangemens devinrent faciles, et se traitèrent de part et d'autre avec le plus grand désintéressement. Robert, maintenant M. *de Leu*, rentra en possession de l'ancien domaine de sa famille parternelle, et il fut convenu, entre madame de Ligneville et lui, qu'ils habiteraient ensemble alternativement les propriétés du pays de Caux et celles de Franche-Comté. A l'époque où nous arrivons, l'éducation de

Lucie se trouvait entièrement terminée ;
elle était, depuis plusieurs mois, rentrée
sous la surveillance de ses parens adop-
tifs. Douée de talens agréables et des
plus aimables qualités du cœur, cette
jeune personne, touchant à sa dix-sep-
tième année, réunissant à toutes les
grâces de son âge un esprit naïf et plein
d'enjouement, était l'idole de tous ceux
qui l'entouraient : Thérèse lui accordait
toute la tendresse d'une mère, madame
de Ligneville avait conçu pour elle la
plus tendre amitié. A l'époque des fêtes
du mariage de Napoléon, madame de
Ligneville, à force d'instances, avait
obtenu de M. de Leu et de son épouse,
que Lucie la suivît à Paris, où le spectacle des cérémonies, des réjouissances
publiques, attirait une grande partie
de la population française, et dans lequel voyage, le Baron gourmand, toujours amoureux chevalier de la charmante veuve, devait remplir les dou-
bles fonctions de protecteur et de major-
dome.

Ces dames se trouvaient depuis plusieurs semaines dans cette ville, et songeaient déjà à leur prochain départ, lorsqu'elles firent la rencontre du jeune Chef d'escadron. Mais revenons au dîner dont M. de Gallina avait perfectionné les apprêts, et auquel Charles, malgré les émotions de son âme, fit le plus grand honneur.

On était à peine au dessert, qu'un domestique vint annoncer que le Capitaine Knopf demandait à parler au chevalier de Régensbourg. Charles, oubliant son amour et la politesse, ne fit qu'un saut hors de l'appartement, et se trouva bientôt dans les bras de son fidèle ami.

« Quel plaisir de te revoir, mon cher Georges !

— Mon bon Charles ! j'ai su de ton domestique que tu étais dans cet hôtel, et, bien qu'il m'ait prévenu que tu te trouvais en compagnie, je n'ai pu résister au désir de te voir.

— J'aurais eu le même empressement,

il y a si long-temps que je n'ai joui du bonheur de t'embrasser.

« — C'est fait maintenant, retourne près de tes amis; je connais ton logement, j'irai t'y trouver demain avant mon départ, je vais arrêter ma place à la diligence de Rouen. »

En terminant ces mots, il se disposait à s'éloigner de son ami, lorsqu'un domestique vint demander si M. Knopf ne connaissait pas madame de Ligneville.

« Oui, sans doute, j'ai cet honneur, répliqua-t-il.

« — En ce cas, cette Dame vous fait prier de vouloir bien entrer avec Monsieur dans la salle à manger, où elle se trouve en ce moment. »

Georges satisfit aussitôt à cette invitation, et fut bientôt reçu de l'aimable veuve avec l'expression de la joie la plus vive : il lui raconta que, de retour en France depuis deux mois, il avait fait le voyage de Franche-Comté, pour y revoir les anciens amis du clos; mais qu'il n'avait plus trouvé dans ce pays que le vieux Claudin et sa femme ; ceux-ci lui ayant appris que M. de Leu et sa charmante épouse étaient en Normandie où madame de Ligneville , mademoiselle Lucie et madame Germain, devaient se trouver, il se proposait de partir le lendemain pour aller les visiter.

• Voilà qui est admirable de votre part , Capitaine ; seulement je vous prie de retarder votre départ de quelques jours ; nous voyagerons alors de compagnie , et j'aurai le plaisir de jouir avec vous de la surprise de ce cher Robert et de ma bonne amie Thérèse. En attendant, vous voyez mademoiselle de Leu , leur fille.

— Bah !... répond Georges avec surprise.

— Oui , sans doute , mademoiselle Lucie.

—Ah ! je comprends... Elle est charmante, ajouta-t-il, en regardant Charles.

— Vous trouverez à Paris la bonne Henriette.

— Vraiment !... Je serai enchanté de la revoir. Elle est veuve, m'a-t-on dit.

— Oh ! interrompit madame de Ligneville, en quittant la table pour passer au salon où sa compagnie la suivit, je vois que nous avons encore bien des choses à vous apprendre. »

On venait de prendre le café, Georges ne quittait pas le côté de Sylvérine, et attendait avec impatience qu'elle s'expliquât concernant madame Germain, lorsqu'on annonça M. et madame Gorgerousse ; il est impossible de rendre la surprise qu'éprouvèrent Georges et cette dernière, à l'instant où leurs regards se rencontrèrent. Henriette resta immobile comme la femme de Loth à l'instant de sa punition : Georges, pâle, les lèvres et les dents serrées, les yeux étincelans, semblait ne pouvoir contenir son indignation. Après un instant de silence, il détourna les yeux, et, se dirigeant vers le foyer, parut abîmé dans ses réflexions.

« A propos, s'écria madame de Ligneville, après les premiers complimens, et pendant que Gorgerousse parlait au Baron, Henriette, ne reconnaissez-vous pas le Capitaine ?

— Pardonnez-moi, Madame,......... très-bien, répond madame Gorgerousse, émue jusqu'aux larmes : je croyais au contraire que Monsieur m'avait oubliée.

— Et moi, Madame, j'aurai juré de vous ce que vous supposez de votre serviteur ;..... recevez mon compliment, je ne m'attendais pas....... à vous trouver...... mariée.

— Cela s'est fait bien promptement :...... j'ignore moi-même...... comment...... Et vous, M. Knopf, êtes-vous encore libre ?........

— Je viens de le devenir, Madame ; j'avais aussi pris des engagemens qu'une ingrate à rompus ; accablé de sa perfidie, il ne me reste plus qu'un besoin, c'est de l'oublier; mais je l'aimais à tel point, que si je pouvais encore conserver de l'estime pour elle, je mourrais de douleur.

— Ah! mon pauvre Georges! interrompit Charles, voilà donc ce qu'est devenue la passion dont tu m'entretenais dans tes lettres?......

— Oui, mon cher Charles., fie-toi aux femmes après cela.

— Charles!........ reprit Henriette, Monsieur serait-il?........

— Le chevalier de Régensbourg, Madame; celui dont vous vouliez parler, n'est plus de ce monde.

— Pauvre jeune homme!»

La conversation, de ce côté, allait devenir languissante, Gorgerousse vint la ranimer.

« *Tout de même*, il paraît que ma femme a des amis dans l'armée. Ah! ah! ah! tu devrais au moins, ma poule, me présenter à ces Messieurs....... Enchanté de faire votre connaissance....... Dis-moi, mignonne, as-tu dit au cocher de revenir à neuf heures? tu sais que nous devons voir la pièce nouvelle à Feydeau.

— Eh bien! le procès, M. Gorgerousse, lui demanda madame de Ligneville, où en est-il?

— Mon avocat m'assure que je le gagnerai. Heureusement *tout de même*, car, sans cela, moi et ma femme, nous pourrions dire comme ces nègres dont le régiment fut presque détruit en Espagne : *nous ne sommes pas blancs*. Ah! ah! ah! toute notre fortune y sauterait. »

M. Gorgerousse avait alors à soutenir un procès intenté à la requête du gouvernement, sur le compte embrouillé qu'il avait rendu comme Directeur des vivres : il était accusé de malversation, et des sommes assez considérables lui étaient réclamées sur le témoignage de celui qui l'avait remplacé dans son emploi.

Knopf venait d'apprendre ces détails de M. de Gallina; il ne doutait plus qu'Henriette n'eût été guidée par un intérêt sordide , dans la conclusion de son mariage avec Gorgerousse , et crut luimême que le mépris allait remplacer dans son cœur la tendresse qu'il avait eue pour elle.

Fatigué néanmoins de la situation dans laquelle l'avait placé cette rencontre , il pria madame de Ligneville de l'excuser, et se retira sous le prétexte qu'une affaire indispensable l'appelait chez lui ; Charles demanda la permission d'accompagner son ami , en jetant sur Lucie le plus tendre regard , et tous deux s'éloignèrent , après avoir accueilli l'engagement qui leur fut fait de revenir bientôt.

Ils étaient arrivés jusqu'au logement du Chef d'escadron , sans que celui-ci eût obtenu de Georges autre chose que des monosyllabes en réponse aux questions qu'il lui avait adressées.

« Qu'as-tu donc , mon ami ? Tu parais chagriné.

— Je suis au désespoir : j'ai quitté le

service, je viens de prendre ma retraite;
je croyais être heureux en m'unissant à
une femme que j'aimais plus que ma vie.
La perfide !.... un peu d'or l'a séduite !
Elle est l'épouse d'un autre........ Voilà
bien ces créatures : tout à l'impression du moment, ne suivant d'autre
guide que leur caprice; légères, incons-
tantes, sans foi, sans honneur; sensibles
par calcul; faibles par intérêt; ingrates
par habitude; fausses par nature; vi-
cieuses par besoin : voilà ce sexe infâme.
Trompe, Charles, trompe les femmes,
trompe-les toujours : voilà le seul moyen
de n'être pas entièrement leur dupe. Corbleu ! mille escadrons ! que ne puis-je
revenir à l'âge de vingt ans ! je ne ferais
la guerre que contre elles.

— Comme te voilà furieux ! toi qui
me faisais de si belles remontrances !....
viens-tu de faire le portrait de l'heureuse mortelle que tu me gardes pour
épouse? Tu te souviens que, dans une
lettre.....

— Je ne m'en mêle plus; d'ailleurs

cette belle ne vaut peut-être pas mieux qu'une autre..... Elle est pourtant charmante;.......... mais juger d'un melon par l'écorce, c'est trop hasarder......... Au surplus arrange-toi; moi, je vais me retirer dans quelque village bien écarté; j'y vivrai comme un ours, éloigné de toute la race humaine; je te donnerai mon adresse : tu m'écriras si tu as besoin d'argent. Ton père, long-temps avant sa mort, avait déposé entre les mains d'un banquier de cette ville une somme dont il me légua le soin de diriger l'emploi jusqu'à mon décès. J'en ai laissé cumuler les intérêts depuis cette époque, sans t'en parler, et je viens de les réunir au capital : maintenant tu peux tirer sur moi jusqu'à concurrence de quinze mille francs par an.

— Est-il possible ! comment, je suis aussi riche que cela?

— Fais un bon usage de cette fortune, tel était le vœu de ton père.

— Je lui obéirai. Mon ami, pour commencer, partageons.

— Je te remercie : je me retire avec le maximum de la pension de mon grade ; c'est plus qu'un paysan ne doit dépenser.

— En ce cas, écoute : fais bâtir pour moi une jolie maison, bien commode, entourée d'un beau jardin, dans le pays que tu voudras habiter, et occupe-la seul, jusqu'à ce que j'aille y demeurer avec toi.

— J'y consens, mon bon Charles ; mais n'amène pas de femme, n'en amène pas : je ne veux plus en voir.

— Oh ! j'espère que tu changeras d'idée : tiens, si tu en trouvais une qui ressemblât un peu à cette jeune Lucie que tu viens de voir ;..... hem ! qu'en penses-tu ? n'est-elle pas enchanteresse ? est-il possible de voir de plus jolis traits ? d'entendre une voix plus harmonieuse ?..... Ah ! mon ami, je crois que j'en deviendrai fou. Mais écoute, fais-moi connaître

la femme ingrate dont tu as à te plaindre, et je lui fais ma cour pour te venger.

— Au diable l'expédient! il ne man-
querait plus que cela : la belle consolation! Non, non, je préfère t'éviter cette
peine : en voulant la punir, je lui accor-
derais un plaisir de plus, et l'avantage
que j'en retirerais ne compenserait pas
le chagrin que me cause sa première
inconstance.

— Ah! mon ami, tu aimes encore
ton infidèle, je vois cela : tu veux la
ménager.

— Je la déteste, je l'abhorre; mais
franchement, Charles, est-il d'un honnête homme de se venger d'une femme,
quelqu'ingrate ou fausse qu'elle soit en
amour? Nous lui faisons un crime d'a-
buser de la facilité qu'elle a de nous
tromper : nous serions donc trop coupables d'employer contre elle les mille
moyens que nous avons de la punir.
Dans le cas d'un désenchantement semblable au mien, il ne reste que trois
choses à faire : rire de sa sottise, la mé-

priser, ou l'oublier dans quarante-huit heures ; or, je ne suis pas en train de rire, je la mépriserai le plus tôt possible, et je l'oublierai quand je le pourrai. En attendant, donne-moi des nouvelles de St.-Paul : que fait-il ?

— Comme toi, mon ami, il a trouvé une ingrate, et il se désole ; cependant j'ai appris avant hier, d'un bon Allemand de mes amis, qu'il avait reporté ses affections sur la sœur de sa cruelle ; malheureusement celle-ci s'est avisée de me croire épris de ses charmes, et refuse d'écouter les aimables discours de notre ami. Mais Lorber, ce même Allemand dont je viens de te parler, m'a promis de me rendre bien noir, bien perfide aux yeux de Georgina, la nouvelle passion de St.-Paul, afin de l'exciter à la vengeance, et de lui faire épouser son adorateur.

— Cette jeune fille l'épousera donc, comme une autre se jeterait à la rivière : par désespoir ?

— Que veux-tu, il est tourmenté par

le démon de l'hymen; il faut bien le laisser faire : encore vaut-il mieux se marier que de se pendre. »

Ce dialogue se prolongeant encore, nos deux amis s'entretinrent de leurs différens faits d'armes; toutefois Georges ne cessait d'être occupé de l'infidélité d'Henriette; tantôt il lui échappait des mouvemens de fureur dont la cause était facile à deviner, tantôt sa figure prenait l'expression de la plus profonde tristesse, et ses yeux se remplissaient de larmes qu'il cherchait à cacher à son ami. Il allait s'en aller, quand on vint annoncer M. Lorber qui venait rendre compte à Charles des progrès de sa mission près de Georgina Frieden, qu'il commençait à intéresser au sort de St.-Paul. Knopf, après avoir fait connaissance avec Frédéric, donna son adresse à Charles, prit congé des deux amis, et regagna sa demeure en pestant contre les femmes.

CHAPITRE VII.

Le lendemain Georges vint de bonne heure chez son ami le Chevalier, et lui annonça que définitivement il quittait Paris : son intention était d'aller d'abord visiter M. de Leu, et de se rendre ensuite dans le Jura où il fixerait son domicile ; Charles aurait désiré le retenir quelque temps auprès de lui, mais il fut inébranlable dans sa résolution ; il partit.

Plusieurs semaines s'écoulèrent encore avant que madame de Ligneville se décidât positivement à retourner en Normandie ; Charles continuait ses visites dans l'hôtel qu'elle habitait. Elle le recevait sans cesse avec les démonstrations du plus vif plaisir, au point que le baron de Gallina, toujours amoureux, s'avisa un jour, après dîner, de devenir jaloux du jeune Chef d'escadron, et d'exprimer à la charmante veuve ses craintes à ce sujet. Loin de chercher à rassurer le Baron, madame de Ligneville lui fit un éloge pompeux de l'esprit, de l'amabilité et des grâces de son prétendu rival; et lui avoua même que, si elle pouvait être assurée que le Chevalier songeât réellement à lui faire sa cour, elle serait toute disposée à renoncer au veuvage.

« Je vois maintenant, Madame, pourquoi nous demeurons si long-temps à Paris. Il est vrai que la cuisine y est excellente, mais que dira M. de Leu? il ne nous avait confié Lucie que pour trois semaines, en voilà huit que nous sommes absens.

— Il est si heureux avec sa chère Thérèse qu'il n'aura pas le courage de se fâcher.

— Cet officier vous fait donc réellement la cour, et voilà ce qui vous retient dans cette ville?

— A vous parler vrai, Baron, je le crois.

«—Et c'est à moi que vous avouez tout cela ?

— Pourquoi non ? N'êtes-vous pas mon ami, mon meilleur ami ?

— C'est bien, c'est bien ; mais vous savez aussi que j'aspire à votre main.

—Mon cher Baron, vous n'ignorez pas que je ne puis consentir à vous l'accorder. C'est assez pour moi d'avoir déjà eu un mari qui ne m'inspirait aucune tendresse ; je ne veux pas retomber dans la même situation : contentez-vous de mon estime, j'en ai beaucoup pour vous..... A propos, j'ai su du maître de cet hôtel, que demain il devait nous servir un brochet magnifique, un faisan superbe.

— En vérité ! alors il faut que je voie le chef pour lui donner mes avis sur la manière de les préparer..... je vous reviens dans un instant. »

C'était de cette façon que madame de Ligneville échappait aux épanchemens de M. de Gallina, chaque fois qu'il devenait trop tendre. Occupée des fréquentes visites de Charles, elle aimait à réfléchir dans la solitude aux différentes conjectures qu'elle pouvait tirer de sa conduite. Elle ne pensait pas qu'une autre pût être l'objet de ses assiduités : il n'adressait que rarement la parole à Lucie, tous ses frais de galanterie semblaient être uniquement dirigés vers elle; elle seule paraissait lui inspirer de tendres discours et provoquer son aimable gaîté. D'ailleurs, se disait notre sensible veuve, il ne peut guères considérer ma compagne que comme un enfant; il faut à un jeune homme de son rang, de son âge, une femme parfaitement au fait des usages du monde, et dont la fortune lui fournisse les moyens d'avancer promptement dans la carrière qu'il parcourt; pour peu qu'il soit susceptible de réfléchir, il aura calculé tous ces avantages : alors plus de doute que je ne sois l'idole de son culte; et aussitôt qu'il se sera prononcé, je dis adieu au veuvage, à ma liberté... Ah! que n'est-ce demain! Elle était enfoncée dans ces idées, les yeux fixés au dehors de sa croisée, lorsque Lucie, qui était arrivée dans la même chambre sans être entendue de sa marraine, craignant de troubler ses méditations, s'avança légèrement près de la fenêtre latérale et finit par se faire apercevoir.

« Comment! tu étais là, ma Lucie?

— Oui, Marraine; je vous gêne peut-être?

— Du tout, ma bonne amie; mais qu'as-tu donc? tu parais triste.

— Oui, je le suis en effet; je voudrais retourner près de mon père et de maman : je ne m'amuse plus ici; j'ai besoin de revoir ces chers parens.

— Cela est naturel, je ne puis te blâmer de ne pas m'accorder une préférence exclusive; bientôt nous irons les rejoindre; encore quelques jours, et nous partons..... Je voudrais avant tout m'assurer..... Dis-moi, que penses-tu du chevalier de Régensbourg? »

Lucie, à cette question, sentit un feu subit lui monter au visage, son cœur battit avec violence et sa langue balbutia une réponse que son amie ne put comprendre.

« Je ne sais..... il est possible qu'il soit..... très-bon ,.... pas mal.

— Que tu es enfant, Lucie! te voilà émue comme s'il s'agissait de te l'offrir pour mari.

— Oh! non, Marraine ,..... ce n'est pas pour cela.

— Voyons, dis-moi ce que tu en penses.

— Eh bien! Marraine, je le trouve très-aimable ,..... fort gai ,..... on ne peut plus prévenant..... pour vous,.... fort desireux de vous plaire; je crois que c'est un galant homme.

— C'est singulier! tes idées sont absolument semblables aux miennes. Et son extérieur, que t'en semble?

— Ah ! Marraine, c'est le plus charmant homme que j'aie encore vu.

— Nous sommes encore d'accord sur
ce point, reprit madame de Ligneville
en soupirant; mais il y a, ajouta-t-elle,
une seule objection que j'aurais à lui
faire..... il est bien jeune !.....

— Quoi ! Marraine, la jeunesse et la
beauté seraient donc des défauts à vos
yeux ?

— Non pas positivement, Lucie; mais
ces qualités dans un époux (Lucie tres-
saillit) n'assurent pas toujours le bonheur de sa compagne.

— Je comprends,..... Marraine,.... il
veut..... devenir votre mari ?

— Il ne s'est point encore prononcé;
cependant tout me porte à croire qu'il
ne tardera pas à le faire. En agissant avec
cette retenue, il me force en quelque
sorte à réfléchir à ce que je dois lui répondre.

— Cela est vrai, Marraine,..... et sans

doute votre réponse sera satisfaisante pour lui.

— Je le croirais presque , il est si bien !.....

— Marraine, ne pourrais-je écrire à mon père de venir me chercher?

— Quoi ! tu ne peux patienter quelques jours encore?

— Non ,. en vérité: si je ne revois bientôt mes parens, je suis sûre que je serai malade. »

Dans ce moment un domestique vint annoncer M. de Régensbourg , qui était à peine entré que Robert parut dans le salon et s'élança dans les bras de Lucie.

« Monsieur de Leu ! s'écria madame de Ligneville. Quelle aimable surprise !

— Oui, Madame, c'est moi qui ai fait un voyage de trente-cinq lieues tout exprès pour vous gronder de nous priver si long-temps de votre présence. Je vous en veux beaucoup , et Thérèse encore davantage; apprêtez-vous à une réception terrible lorsque vous la reverrez :

elle ne vous pardonnera pas facilement votre long séjour en cette ville, et le voyage que je viens y faire.

— Nous la calmerons, mon ami, je me flatte d'un prompt succès....... Je vous présente le chevalier de Régensbourg. »

Robert salua Charles avec toute l'aménité possible, et la conversation devint générale.

Notre jeune amoureux fut bientôt au mieux avec celui qu'il supposait être le père de Lucie; il sollicita même la faveur d'aller lui présenter ses respects le lendemain, à l'heure où il pourrait le recevoir en particulier. Robert, surpris de cette demande, consentit néanmoins à lui accorder ce rendez-vous, et, la soirée étant avancée, Charles se retira.

Rentré chez lui, il passa la nuit entière agité de crainte et d'espérance. L'image de la charmante Lucie était toujours devant ses yeux : il ne pouvait penser que

M. de Leu dédaignât son alliance, et pourtant il ne dormit pas.

Levé aux premiers rayons du soleil, il attendit avec impatience l'heure qui lui était indiquée pour se rendre chez M. de Leu. Il s'y trouva avant le moment fixé, s'excusant sur ce que sa montre allait mal. Nos lecteurs devineront, sans doute, l'entretien de Charles avec Robert : nous allons en faire connaître les résultats.

Après s'être séparé du Chef d'escadron, M. de Leu se rendit chez madame de Ligneville : il la trouva seule, et lui raconta qu'il venait d'éprouver le premier tourment de sa fausse paternité ; que le chevalier de Régensbourg, dont l'alliance l'honorerait à tous égards s'il avait une fille à lui accorder, venait de lui demander la main de Lucie.

« Est-il possible ! interrompit vivement Sylvérine, profondément émue ; et que lui avez-vous répondu ?

— Que j'étais flatté de sa demande ;

mais que mon intention n'était pas de marier encore ma fille ; que d'ailleurs je ne pouvais disposer d'elle sans consulter mon épouse qui, j'en étais persuadé, ne l'accorderait pas à un militaire exposé chaque jour aux hasards de la guerre, et qui serait obligé de se séparer d'elle.

— Qu'a-t-il dit ?

— Qu'il quitterait le service, et qu'il irait ensuite solliciter mon épouse elle-même de consentir à ses vœux.

— Je pense que vous l'avez détourné de ces projets ?

— Au contraire, malgré mes raisons, il m'a quitté comme un éclair pour se rendre chez le Ministre, où il va porter sa démission.

— Et que prétendez-vous faire ?

— Vous concevez qu'il ne m'est point permis de disposer de l'héritière de Sur-ville. J'ai fait suivre mon jeune homme par un domestique, chargé de lui remet-tre un billet dans lequel je le prie ins-tamment de ne prendre aucune déter-

mination avant qu'il soit assuré de convenir à mon épouse, et surtout à ma fille.
En attendant, je viens de commander
des chevaux pour retourner en Normandie ; on attelle déjà la calèche : partirez-
vous aussi ?

— De grand cœur, mon ami, faites
prévenir le Baron. »

Ce ne fut pas sans peine qu'on parvint à décider le Baron à se mettre en
route, avant d'avoir consommé l'un des
meilleurs dîners qu'on lui eût encore
préparés depuis son séjour dans la Capitale. Sans doute, après avoir pris son repas, il eût été ravi de quitter un séjour
où madame de Ligneville pouvait disposer de sa liberté en faveur de tout autre
que lui ; mais lorsqu'on vint lui annoncer cette résolution, il était occupé à
donner ses derniers conseils au cuisinier,
et dévorait des yeux le brochet et le faisan, prêts à paraître sur la table. Il
fallut, pour calmer son humeur, et mettre un terme à ses observations, lui per-

mettre d'emporter avec lui, dans la voiture, ces plats délicieux ; enfin, la calèche de madame de Ligneville prit la route de Normandie.

Charles était occupé chez lui à tracer au Ministre de la guerre la demande de sa démission, lorsqu'il reçut le billet de M. de Leu. Il ne vit, dans son contenu, qu'une défaite honnête, et renonça, pour l'instant, à quitter le service, résolu toutefois de voir madame de Leu. Cependant, comme rien ne s'opposait à ce qu'il continuât ses visites chez madame de Ligneville, il vit avec plaisir se terminer une journée qu'il avait passée dans la plus vive agitation ; et, le soir, il prit le chemin de l'hôtel, rempli de l'espoir de contempler la charmante Lucie, et d'exciter en elle de douces émotions. Vaine espérance : on lui annonça que toute la société s'était mise en route pour le pays de Caux ; le portier lui remit au même temps cette lettre.

« Monsieur, j'aurais peut-être le droit

»de me plaindre du mystère que vous
»m'avez fait de vos sentimens pour la
»jeune personne confiée à mon amitié
»depuis mon séjour en cette ville; votre
»conduite me donne, aux yeux de son
»père, une certaine apparence d'idio-
»tisme qui, sans doute, ne saurait lui
»permettre de l'abandonner de nou-
»veau à mes soins; il aura toujours à
»me reprocher, ou de ne vous avoir point
»deviné, ou d'avoir négligé d'obtenir
»votre confiance. J'avoue que, peu faite
»aux intrigues, je n'eus jamais le talent
»ni l'envie de découvrir un secret; j'ai
»encore moins l'usage des petites fines-
»ses qu'on emploie dans le monde pour
»se créer des *dupes*. Je veux pourtant
»vous donner un avis, dont vous ferez
»bien de profiter: c'est de ne chercher,
»en aucune manière, à obtenir la main
»de Lucie; il n'est pas plus permis à
»M. et à madame de Leu d'en disposer,
»qu'il ne me serait possible d'accorder
»la mienne à tout autre qu'au baron de
»Gallina auquel je l'ai promise.

» J'ai l'honneur de vous souhaiter au-
» tant de bonheur qu'à l'avenir vous
» aurez de franchise.

» SYLVÉRINE DE LIGNEVILLE. »

Charles fut au désespoir : il voyait en un instant disparaître les aimables chimères dont il s'était bercé ; le rêve du bonheur se terminait, le réveil était affreux. Mais qui pouvait engager madame de Ligneville à le maltraiter après sa défaite ? Pourquoi ce dépit qui se montrait à chaque ligne de sa lettre ? Il ne lui avait jamais témoigné que la politesse, les égards que, selon la Princesse polonaise, tout galant homme devait aux Dames. Cependant, disait-il en récapitulant sa conduite, il serait possible qu'entraîné par l'habitude, j'aie risqué une ou deux expressions de tendresse ; mais une femme qui a le sens commun ne doit jamais croire le quart des jolies choses qu'un jeune homme lui débite ; je suis bien certain d'ailleurs de ne lui avoir jamais dit que je l'aimais : ainsi je n'ai rien à me reprocher. Voyez pourtant, pour une fois que je m'avise d'être raisonnable, il faut que cela tourne contre moi!..... Que faire cependant?..... D'abord les conseils de madame Sylvérine ne seront nullement suivis : j'obtiendrai Lucie, ou j'y perdrai mon nom : j'en ai deux d'ailleurs ;..... voyons ,..... obtenons une permission, et partons pour la Normandie, c'est cela , oui ;..... mais, je n'ai pas leur adresse, n'importe, je sais que c'est dans le pays de Caux.

Il continuait ces réflexions sous la porte-cochère, lorsqu'il vit descendre de voiture une Dame mise avec élégance, la figure couverte de son mouchoir; s'adressant au portier, elle demandait madame de Ligneville; la réponse négative qu'elle reçut parut lui être aussi sensible qu'elle l'avait été au Chevalier qui, s'étant approché d'elle, reconnut bientôt madame Gorgerousse que plusieurs fois il avait rencontrée dans l'hôtel. Il remarqua que tous ses traits étaient en désordre, que ses yeux étaient rouges et encore remplis de larmes.

« Pardon, Madame, si j'ose vous interrompre : vous voyez un homme aussi malheureux que vous du départ de ces Dames, mais bien décidé à les suivre jusqu'au bout du monde.

— Ah ! Monsieur, vous ne pouvez avoir les mêmes peines que moi, ni un plus grand désir de revoir M. et madame de Leu, Lucie et madame de Ligneville. Demain, demain, sans plus tarder, je prends la route de Rouen.

— Ce n'est point là le lieu de leur résidence.

— Non, sans doute, mais de cette ville à Buchy, on ne compte que cinq lieues, et ils demeurent à peu de distance de ce bourg.

— Permettez, Madame, que je vous offre la main. »

Madame Gorgerousse remonta vivement dans sa voiture, et ordonna au cocher de la conduire rue et hôtel du Mail Charles, satisfait des éclaircissemens qu'il venait d'obtenir, se rendit à l'instant même chez son Colonel, et sollicita sa permission.

Il regrettait, en ce moment, de ne pouvoir consulter personne sur la démarche qu'il allait entreprendre. Lorber était à Versailles où il devait passer plusieurs jours ; St.-Paul était en congé dans son pays natal ; Knopf peut-être habitait déjà les montagnes du Jura : il ne pouvait donc s'en rapporter qu'à lui-même dans une circonstance où, contre son habitude, il doutait de ses moyens pour réussir.

Georges avait revu ses amis du Clos, en Normandie ; Robert, alors près de partir pour Paris, l'avait prié de faire compagnie à sa chère Thérèse pendant son absence, et il y avait consenti. Au retour de madame de Ligneville, de nouvelles prières lui avaient été faites pour qu'il demeurât encore quelque temps auprès d'eux. La bonne intelligence qui régnait dans cette société, l'aimable accord de Robert et de Thérèse, les soins dont il était l'objet, l'avaient un peu raccommodé avec lui-même et avec toute l'espèce humaine. Il désirait d'abord faire connaître à Robert le degré de parenté qui existait entre lui et le Chevalier; mais l'intérêt que lui inspirait la jeune Lucie, l'avait détourné de ce projet. Il connaissait Charles : une fois reçu dans la famille comme l'un de ses membres, il n'aurait pas manqué de trouver sa cousine charmante : l'impossibilité de la lui accorder alors pour épouse; la facilité qu'il eût eue de la voir sans cesse, d'user de ses moyens de séduction, ensuite son inconstance naturelle, lui semblaient de vrais obstacles au bonheur de tous deux. Georges résolut donc d'attendre qu'il fût mieux assuré des sentimens de son élève, et, s'ils étaient vrais, d'en écrire au comte de Surville. Jusqu'alors personne ne devait connaître son secret.

Un jour il réfléchissait seul, dans sa chambre, aux différens détails de son plan, lorsqu'un valet vint le prévenir que tous les habitans de la maison étaient à la promenade, et qu'une Dame venait demander M. de Leu; il descendit aussitôt dans le salon et se trouva face à face avec madame Gorgerousse.

«Quoi!..... c'est vous, Madame.....

— Pardon,..... Monsieur,..... je désirais voir M. de Leu.

— Oh! je ne m'abuse pas, Madame: je sais fort bien qu'on ne vient point chercher ceux qu'on ne veut pas même attendre.

—Ah! Monsieur, ne m'accablez pas: je suis bien assez malheureuse.

— Vous, Madame! Comment pourrait-il en être ainsi, avec trente mille livres de rente, un époux spirituel surtout, et le beau nom de Gorgerousse!

— Hélas ! vous ne savez pas combien vous êtes cruel d'en agir ainsi.

—Et vous, Madame, avez-vous songé un instant aux chagrins qui résulteraient pour moi de votre trahison ?

— J'ai été bien coupable, cela est vrai ; mais je m'abusais sur votre silence, je me croyais oubliée, et cependant je donnai ma main sans pouvoir l'accompagner du don de mon cœur. J'en suis punie : mon mari vient de perdre un procès qui nous ruine tous deux ; il languit à Ste.-Pélagie, je suis chassée de ma maison par celui qui l'a remplacé dans son emploi, et qui fut son accusateur.

— Est-il possible !

— Cela n'est que trop vrai, et je viens demander un asile à ceux que j'ai eu la faiblesse d'abandonner, croyant follement jouir d'un bonheur qui ne devait jamais m'appartenir. » En s'exprimant ainsi, Henriette versait d'abondantes larmes et n'osait fixer Georges qui lui-même ne pouvait contenir son émotion.

On annonça le retour de la société; Georges profita du mouvement que sa rentrée occasiona dans le salon, pour se retirer, et, au bout d'une demi-heure consacrée au récit des plaintes de madame Gorgerousse, on vint apporter un billet à Robert, où Georges s'excusait de partir pour Paris sans lui faire ses adieux, prétextant une affaire de la plus haute importance. Cette nouvelle apporta un nouveau sujet de tristesse dans la petite assemblée : les pleurs de madame Gorgerousse redoublèrent. On s'empressa de lui faire préparer un appartement; Thérèse l'accompagna dans sa chambre, et chercha tous les moyens de la consoler sans pouvoir y parvenir : enfin M. de Gallina, faisant un bruit horrible dans toute la maison, furieux de ce qu'on n'avait point entendu la cloche du dîner, vint arracher tous les habitans de cette demeure aux tristes idées qui les occupaient, et parvint à les conduire tous, excepté madame Gorgerousse, dans la salle à manger.

Ayant recueilli soigneusement l'adresse donnée par Henriette, le chevalier de Régensbourg s'était mis en route pour la Normandie aussitôt qu'il en avait obtenu la permission de son Colonel, et venait d'arriver à franc étrier. On touchait à la fin du repas lorsqu'un domestique vint l'annoncer. M. et madame de Leu se fixèrent avec inquiétude, Lucie parut vivement agitée, madame de Ligneville ne put contenir un mouvement qui décélait son émotion, sa surprise et son dépit, et le Baron cessa de contempler le dessert.

« Vous lui avez donc donné notre adresse, Robert? dit enfin l'aimable veuve.

— Aucunement, je vous assure.

— C'est un Diable! interrompit le Baron dont la colère remplaçait alors l'appétit, il ne faut pas le recevoir; ces jeunes militaires sont fort dangereux : on est certain, lorsqu'ils s'introduisent dans une maison, qu'ils en veulent à l'honneur des filles ou des femmes qui s'y trouvent, ou, tout au moins, à la cuisine et à la cave. »

Thérèse, après avoir prié Lucie de l'attendre dans sa chambre :

« Je ne partage point votre avis, M. le Baron ; ce jeune officier se présente avec des intentions qui ne permettent pas de l'assimiler à ceux que vous désignez ; refuser de le recevoir serait une véritable insulte : Robert est incapable de manquer à ce point aux lois de la politesse. Je pense, au contraire, que sa conduite mérite de notre part la plus grande loyauté : il faut lui déclarer notre situation envers Lucie.

— Tu as raison, ma bien-aimée, reprit Robert ; mais j'ai promis, sur mon honneur, à son père de ne point révéler le nom de sa fille sans y être autorisé par lui.

« — Cela, mon ami, répondit Thérèse, ne dérange rien à ma proposition, et, si tu veux prétexter une affaire, je me chargerai seule de notre réponse.

— Volontiers, ma chère; aussi-bien, j'avoue qu'il m'en coûte de désespérer ce brave jeune homme.

— Voilà qui est convenu, ajouta madame de Ligneville, congédiez-le bien vite. »

On sortit de table : Thérèse se rendit au salon, et le reste de la société dans l'appartement de Sylvérine.

Madame de Leu, en apercevant le Chevalier, fut frappée de la beauté de ses traits et de la grâce de son maintien ; elle trouvait surtout en lui plusieurs points de ressemblance avec son époux, et c'en était assez pour la disposer en sa faveur.

« Mon mari me charge de l'excuser auprès de vous, Monsieur : une affaire importante le prive en ce moment du plaisir de vous recevoir lui-même.

— Serait-ce donc à madame de Leu que j'ai l'honneur de parler ?

— Elle-même, Monsieur ; veuillez prendre place.

— Vous excuserez ma surprise, Madame ; j'avoue que je croyais trouver en vous la véritable mère de la charmante Lucie, et je suis maintenant assuré que vous ne pouvez que lui en tenir lieu.

— En effet, Monsieur, bien que mon âge ne s'opposât point à l'idée que vous aviez d'abord conçue, Lucie n'est point ma fille.

— N'importe, Madame, je sais que son père, M. de Leu, vous accorde sur elle tous les droits que vous donne votre titre d'épouse. Vous êtes peut-être prévenue du principal motif de ma visite ?

— Si je ne me trompe, vous désirez obtenir la main de Lucie.

— Là se fixent toutes mes espérances.

— Pensez-vous que ses sentimens s'accordent avec les vôtres ?

— Je serai vrai, Madame ; votre doucœur, l'expression de bonté qui règne dans vos traits,, inspirent la confiance. Je n'ai pu voir votre adorable fille, sans éprouver pour elle tout ce que l'amour a de plus sincère; persuadé pourtant que si mes sentimens n'étaient point partagés, je ne pouvais chercher à obtenir sa main qu'en exposant notre bonheur commun, je résolus de m'assurer avant tout de l'impression que j'avais produite sur son âme; je ne pouvais l'entretenir qu'en présence de madame de Ligneville: je lui écrivis donc une lettre que je mis un soir dans son sac à ouvrage, sans qu'elle s'en aperçut; voici la réponse que j'en reçus, le jour même de l'arrivée de M. de Leu à Paris. »

Il remit alors à Thérèse e billetc de Lucie :

« Monsieur, vous m'avez mis dans l'im-
» possibilité de vous persuader que je
» n'aurais pas lu votre lettre, puisqu'elle
» était sans cachet, seulement je crois
» avoir tort de vous répondre ; peut-être,

» en pareil cas, la bienséance exige-
» t-elle une autre conduite de la part
» d'une jeune fille qui ne peut s'en rap-
» porter à elle-même sur un sujet aussi
» délicat. En conséquence, je me propose
» de montrer ce matin à mon amie votre
» lettre et une copie de ma réponse, afin
» de me diriger par ses conseils ; en at-
» tendant, je dois vous assurer que mes
» parens ont seuls le droit de disposer de
» mon sort. »

« Est-ce là, Monsieur, le seul titre que vous possédiez ? reprit Thérèse avec inquiétude.

— Oui, Madame, et je vous supplie de le conserver comme un monument des sages principes que votre fille a reçus de vous, et comme une preuve de la pureté de mes intentions. Mais, dites-moi, que dois-je espérer ?

— Il m'en coûte de vous affliger, Monsieur : je conçois pour vous la plus haute estime, et je croirais cimenter le bonheur de Lucie en l'accordant à vos vœux, si ce droit m'était réservé. Malheureusement cette jeune personne ne m'appartient pas : elle n'est pas la fille de M. de Leu, et ce secret en est encore un pour elle; enfant d'un proscrit qui daigna nous la confier, elle ne peut former d'engagement sans l'aveu de son père, et l'honneur nous impose la loi de ne jamais révéler son nom.

— Est-il possible!..........

— Je suis étonné que le capitaine Knopf, votre ami, si vous lui avez confié vos projets, ne vous ait point instruit de ces détails. Il a connaissance de toutes les particularités qui se rattachent à l'histoire de la famille de ma jeune amie : peut-être pourrait-il vous indiquer les moyens de vaincre les difficultés qui se présentent.

— Où le trouver en ce moment? reprit Charles profondément affligé; il doit m'envoyer son adresse lorsqu'il aura fixé le lieu de sa retraite; mais cela peut encore tarder trois semaines : je mourrai, d'ici là, d'impatience et d'anxié-té......... Madame, vous paraissez si bonne ! vous-même, ne pourriez-vous m'honorer de vos avis ? Ah ! de grâce, ne repoussez pas ma prière, ou je vais être le plus infortuné des hommes.

—Je vous ai dit, Monsieur, que l'honneur nous impose le silence le plus absolu. Quant à M. Knopf, il n'a peut-être pas pris un tel engagement ; je vous dirai, au surplus, qu'il est parti pour Paris, il y a environ trois heures, il vous serait facile.........

—En vérité ! reprit vivement Charles. Pardon, mille fois pardon, Madame, de mon importunité ; je cours, je vole à la poursuite de mon ami, et j'espère tout de son attachement pour moi. Adieu donc....... Je ne puis voir mademoiselle Lucie ?..... oh ! non,..... cela ne serait pas convenable,...... n'est ce pas ?...... Allons !.... continua-t-il en soupirant, je pars ; adieu, Madame. »

Charles étant sorti, Thérèse s'en alla

de suite raconter les détails de son entrevue à ses amis tous réunis chez madame de Ligneville, à l'exception de
Lucie; celle-ci, impatientée d'attendre
sa mère, étant venue s'informer d'elle,
la conversation changea et devint indiffé-
rente.

Lorsque Charles arriva dans la Capitale, le portier de l'hôtel qu'il habitait,
lui remit cette lettre de son Colonel.

« Monsieur, vous avez oublié de m'en-
» voyer votre adresse en Normandie : le
» régiment reçoit l'ordre de partir pour
» l'Espagne; si nous arrivons avant vous
» à notre destination, je serai forcé de
» demander votre remplacement; mais,
» lorsqu'il s'agit de combattre, je sais
» que vous ne vous faites point attendre.

Votre, etc. »

Cette courte épître augmenta le désespoir du malheureux Charles; cependant
il ne voulait pas quitter Paris sans avoir
vu Georges : il courut au logement de

son ami; mais il n'y avait reparu que pour demander ses lettres, en prévenant qu'il n'y reviendrait pas; ainsi plus d'espoir pour le pauvre Charles, il se décida donc à suivre son régiment; et, en forçant ses chevaux, il l'atteignit sur les frontières des Pyrénées.

Huit jours après le départ de Georges, madame Gorgerousse reçut une lettre de son mari, qu'elle s'empressa de montrer à tous les habitans de la maison de Robert. Il lui écrivit que Georges s'était rendu à Sainte-Pélagie où lui ayant offert ses services, il avait cru entrevoir, dans le récit de ses malheurs, que ses juges devaient s'être abusés sur des faits essentiels, et que celui qui l'avait remplacé dans son emploi, son dénonciateur, devait être un fieffé fripon qui était peut-être parvenu à en imposer au Ministre sur son compte. Gorgerousse avoua que Georges croyait qu'il avait bien eu à se reprocher quelques bénéfices illicites qui ne devaient pas cependant entraîner la perte totale de sa fortune : qu'il soupçonnait également les avoués chargés de ses affaires, d'avoir secondé, par leur négligence ou par leur malversation, les vues de la partie adverse. Il ajouta que, dès lors, Georges n'avait pris aucun repos : connu de l'un des premiers aides de camp du Prince Berthier, et favorisé par lui dans ses démarches, il avait obtenu une révision du procès, et tout annonçait d'heureux résultats ; son dénonciateur et remplaçant était déjà venu proposer des arrangemens que Georges, chargé de procuration, avait refusé de conclure.

Cette lettre arracha de nouveaux pleurs aux jolis yeux d'Henriette, et son repentir d'avoir manqué de foi n'en devint que plus amer.

Mais il est temps d'amener des résultats qui satisfassent le lecteur. L'invalide qui a écrit cet ouvrage, a pu répéter les exploits de ses frères d'armes, se complaire au souvenir de leurs brillantes victoires : celles qu'il aurait encore à rappeler, n'entraînent plus à leur suite que l'expiation de leur aveugle confiance dans le Chef qui les dirigeait. Il ne pourrait sans frémir, sans verser des larmes de sang, retracer le tableau de ses malheureux compagnons égorgés sur les rochers de l'Espagne. Son cœur se refuse au récit des maux qu'ils ont soufferts dans les plaines glacées de la Russie : il voit encore les cadavres épars de ses amis frappés par la faim, la rigueur du froid, ou le fer de l'ennemi ; le désespoir des infortunés qui survivent, harcelés de toute part, sans secours, sans abris, presque tous sans armes ; couverts de blessures, aigris par les privations ; fixant d'un œil morne le spectacle horrible de leur défaite et le sol ensanglanté que foulent leurs pas chancelans ; accablés de tant de maux, ces malheureux s'arrêtent, appuyés contre un arbre de ces déserts ; ils sont surpris par un vent glacial : leurs regards restent ternes, leurs corps, debout et immobiles, n'offrent plus que des marbres, d'horribles fantômes : l'ennemi même détourne les yeux.....

CHAPITRE VIII.

Nous allons passer rapidement à travers les changemens politiques qui amenèrent ces époques où tous les peuples de l'Europe, aidés de la trahison et réunis contre la France, parvinrent à l'envahir, à chasser Napoléon du trône qu'il avait élevé sur les débris de la République, et à rendre la couronne à la race légitime des Bourbons. Nous ne nous arrêterons même pas à la bataille de Waterloo où nos ennemis triomphèrent sans gloire, et où l'immortalité vint planer au-dessus du tombeau des vaincus.

Le régiment de Charles et de Saint-Paul avait été rappelé d'Espagne pour se rendre en Russie; l'un et l'autre de ces officiers, blessés dans cette dernière guerre, étaient rentrés en France avec quelques hussards, restes mutilés de leur corps. Ils n'étaient pas encore guéris, qu'ils reçurent l'ordre de se rendre en Saxe, à la tête de quelques conscrits connaissant à peine l'usage de leurs armes : là, n'ayant pu trouver un noble trépas, après avoir vu périr jusqu'au dernier des leurs, ils cédèrent à la force, suivirent le mouvement de retraite, et rentrèrent de nouveau au sein de leur patrie. Ils résolurent, après la paix, de quitter ensemble le service : Saint-Paul obtint sa retraite, et Charles donna sa démission. Mais la France ne jouit pas long-temps du repos que lui promettaient les derniers traités conclus entre son Roi et les alliés. Bonaparte, relégué à l'île d'Elbe, revint à Paris, et opéra la défection des troupes royales. L'ancienne Cour se rendit à Gand, une nouvelle campagne s'ouvrit : les officiers retraités ou démissionnaires furent contraints de reprendre les armes ; Charles et Saint-

Paul reprirent l'uniforme, combattirent à Mont-Saint-Jean, et partagèrent les revers des troupes de Napoléon. Lorsque après avoir réclamé un asile sur le sol anglais, ce grand homme fut conduit prisonnier sur le rocher où il devait mourir, abreuvé de toutes les humiliations, ils rentrèrent dans leur position passive, éloignés des rangs de la nouvelle armée.

Ne pouvant oublier la charmante Lucie, Charles avait fait deux voyages en Normandie pendant les années qui avaient suivi sa demande à madame de Leu, et n'avait pas été plus heureux qu'à cette époque. Robert et ses amis avait quitté le pays de Caux, et personne ne pouvait lui donner leur adresse. Les démarches qu'il avait faites auprès de Georges n'amenaient aucun résultat : celui-ci lui avait promis, dans ses lettres, de s'occuper de son bonheur lorsqu'il serait assuré de sa constance, Charles ne cessait de lui rappeler ses promesses, et de nouvelles assurances étaient toujours ce qu'il en obtenait : enfin il se décida à faire un voyage dans le Jura. Il partit donc, et arriva bientôt à Monnaie, joli village, situé sur le penchant d'une colline, près de Scellières, à peu de distance de Poligny où Knopf avait fixé son séjour. Là, il apprit que son ami était parti pour Besançon où il devait passer quelques jours, et il continua sa route vers cette ville. Il y était établi depuis quarante-huit heures, et cherchait à découvrir Georges, lorsque, parcourant le jardin de Grandvelle, il distingua dans un char à banc passant près de cette promenade, M. de Leu, son épouse et Lucie. Rempli de joie, il s'élança vers la voiture ; mais un malheureux coup de fouet fit prendre aux chevaux une telle allure, que, malgré la diligence qu'il mit à les poursuivre, il les perdit de vue vers la porte de *Notre-Dame* qu'ils venaient de franchir. Désespéré de ce contre-temps, il entra dans la première auberge, demanda qu'on lui procurât promptement un cheval de louage, n'importe à quel prix ; après une heure d'attente, il obtint une monture qu'il parvint à mettre au galop.

Arrivé au premier village (Beure), il s'informa si l'on avait remarqué une voiture qu'il dépeignit ; on lui répondit affirmativement, et il continua sa course. Une demi-heure après, ayant renouvelé ses informations près de plusieurs paysans occupés de leurs travaux champêtres, on l'assura que, depuis plus de trois heures, aucun char, aucun équipage n'était passé sur cette route. M. de Leu devait donc avoir pris un chemin de traverse, à gauche, vers le haut des montagnes ; le Doubs étant à droite, et n'ayant aucun bac de ce côté, il ne pouvait pas penser autrement. Il prit donc le premier sentier qu'il rencontra, en revenant sur ses pas, gravit les coteaux, s'égara dans les rochers, parlant à tous les habitans des hameaux, de M. de Leu, que personne ne connaissait sous ce nom, jusqu'à ce qu'enfin, surpris par la nuit, il vînt demander l'hospitalité dans une loge de charbonnier, près d'un bois que son cheval, harrassé de fatigue, se refusait à traverser.

Après avoir passé une nuit qui lui rappelait celles des bivouacs, il se remit en route à la pointe du jour, et recommença ses recherches.

Nous touchions au mois d'août, la chaleur était excessive ; à midi rien ne donnait encore à notre voyageur le plus léger espoir. Au milieu des rochers escarpés qu'il parcourait dans ces gorges inhabitées où le sol ingrat repousse les soins du laboureur, il cherchait en vain une chaumière pour s'y arrêter, un fruit pour étancher sa soif, lorsque tout à coup le vent s'éleva, le ciel s'obscurcit, on entendit au loin le bruit du tonnerre répété par les échos ; des éclairs redoublés sillonnèrent la nue, et tout annonça le plus violent orage. Déjà de grosses gouttes de pluie couvraient la terre altérée ; Charles, ne remarquant aucune habitation autour de lui, se dirigea vers un antre de rochers qu'il aperçut à peu de distance de sa route. Descendu de cheval, il s'était enfoncé dans cette espèce de caverne, et s'y reposait depuis une demi-heure, lorsqu'il crut entendre quelque bruit derrière lui : des gémissemens humains parvinrent à son oreille. Les yeux fixés vers les profondeurs de cette grotte, il vit un être, dont à peine il pouvait distinguer les formes, ramper ou se rouler avec difficulté sur la terre, faisant tous ses efforts pour parvenir à l'entrée de la caverne.

« Qui est là ? s'écria Charles, en s'avançant vers l'objet de son attention.

— Venez ,...... venez ,...... répondit, d'une voix mourante, un homme étendu presque sans mouvement, et dont toutes les facultés semblaient épuisées.

— Eh ! grand Dieu ! qui vous a mis dans cet état ? Attendez, je vais vous porter à l'entrée de cette caverne, et je tâcherai ensuite de vous envoyer des secours. » Charles enleva sans peine cette espèce de cadavre, et le transporta à la clarté du jour. Mais quelle fut l'horreur qu'il éprouva à la vue de cet infortuné! Comme échappé aux flammes dévorantes d'un incendie, il n'était couvert que de quelques lambeaux; ses traits étaient défigurés par l'action du feu, et ses regards, horribles; son corps et ses membres, couverts de plaies dégoûtantes, offraient l'ensemble le plus hideux et le plus digne de pitié.

« Pauvre malheureux!..... dit Charles en le considérant avec douleur, quelle souffrance doit être la vôtre!

— Ne me plaignez pas :..... j'ai mérité mon sort,..... j'ai été criminel!..... aujourd'hui j'expie....... Il y a huit jours que, déployant un paquet de poudre destiné à la chasse, dont je faisais ma seule nourriture depuis six ans que j'habite ce rocher, une étincelle d'une lampe dont je m'éclairais est venue l'enflammer et m'a réduit à cette situation cruelle..... Je voulais d'abord mourir ignoré dans cette caverne ; mais des souffrances telles que celles que j'endure signalent la vengeance céleste, et mon trépas doit servir d'exemple..... Vous pouvez me rendre un service : allez vers le couchant, à une demi-lieue d'ici, demandez la demeure de M. Lambert ; dites à cet honnête homme qu'un misérable nommé Delval,... prie, à ses derniers momens, sa fille de lui pardonner :..... il vous comprendra,..... allez.

— Ce n'est pas assez, répliqua Charles ; je vais vous envoyer les premiers habitans que je pourrai rencontrer, afin que vous receviez tous les soins que réclame votre état.

— Dites que c'est le sorcier qui depuis long-temps a perdu son pouvoir, et qui meurt : j'aurai de nombreuses visites. »

Charles remonta son mauvais cheval, et, malgré l'orage qui continuait, il courut satisfaire à la prière du malheureux Delval.

Lorsqu'il arriva dans la maison du clos, tout le monde était réuni dans le salon; Lucie regardait, à travers la croisée, les effets de la tempête, pendant que ses amis entouraient une table de *reversi*.

« Ciel! c'est lui!..... s'écria-t-elle, le pauvre jeune homme! par quel horrible temps!

— De qui parlez-vous, Lucie? demanda madame de Ligneville.

— De M. de Régensbourg; c'est lui qui sonne à la grille. »

A ces mots, Robert se leva précipitamment, pria le Baron et les dames de rester dans le salon, et courut sous le petit péristyle recevoir le voyageur.

Charles ne pouvait revenir de sa surprise; il croyait s'être trompé sur la demeure que plusieurs habitans lui avaient indiquée comme celle de M. Lambert; mais il n'en était pas moins ravi de se trouver au premier but de sa course. Conduit dans l'appartement de M. de

Leu , il lui raconta la situation de Delval, et vit clairement, aux émotions de son auditeur, qu'il s'adressait à celui que son message intéressait. Robert, après lui avoir recommandé le secret sur cette aventure , le pria de l'accompagner près le coupable et malheureux Delval. Charles y consentit; tous deux , montés sur des chevaux frais , gagnèrent au galop la grotte. En venant avertir M. Lambert , Charles n'avait pas oublié d'instruire tous les habitans auxquels il s'était adressé , de la mort du sorcier, croyant lui rendre le plus grand service : l'orage avait cessé depuis un instant, et le soleil reparaissait dans tout son éclat; lorsque les deux cavaliers approchèrent de la caverne, ils aperçurent un grand nombre de paysans groupés autour du moribond , le considérant encore avec crainte, malgré la situation affreuse où il se trouvait. Robert s'empressa d'écarter la foule; cherchant alors à vaincre son émotion, et s'adressant au père de Thérèse : « Je vais, lui dit-il, vous faire transporter chez moi; là, tous les soins vous seront prodigués.

— Non, non, fils de Nicia;..... épargne-toi ces bienfaits envers l'assassin, de ta mère et le bourreau d'Hortense..... Dans un instant je serai devant le juge suprême,..... devant celui qui déjà me prépare les tourmens qui me sont réservés..... Dis-moi, ma fille m'a-t-elle pardonné ?.....

— Ne doutez pas de la bonté de son cœur; la haine ne peut y trouver place. Elle plaignait son père coupable; elle l'aimerait repentant.

— Ce que tu me dis..... me fait du bien,..... et si je pouvais vivre assez;.... mais non, je crois être entouré de serpens;..... leurs dards venimeux me pénètrent jusqu'au cœur. »

Des convulsions épouvantables s'emparèrent alors de Delval; ses yeux, roulant dans leurs orbites, donnaient à ses traits défigurés un aspect plus effroyable encore : Robert cherchait en vain à calmer l'agitation de ce malheureux, dévoré par le remords, et déchiré par la douleur. »

Cependant la société réunie dans la maison du clos avait vu sortir Robert avec Charles, et ne concevait pas quelle affaire si pressante, lorsqu'à peine l'orage avait cessé, pouvait les attirer hors de cette demeure ; le baron de Gallina, par ses réflexions, porta bientôt la terreur dans tous les esprits.

« Je vois ce que c'est : ce jeune présomptueux, ne pouvant obtenir la main de Lucie, vient de provoquer son père adoptif ; ils vont se battre.

— Que dites-vous ! s'écria Thérèse avec effroi. Nicolas, préparez les chevaux : il sera peut-être encore temps de prévenir ce malheur. Mon Dieu ! protégez-nous. »

A l'instant tout le monde se rendit à l'écurie pour aider Nicolas et Claudin à préparer les montures ; M. de Gallina mit en cette occasion beaucoup d'activité, et, après avoir donné la main à Thérèse et à madame de Ligneville, il monta lui-même sur un escabeau, et de là sur sa haquenée. Les dames ayant déjà gagné du terrain, son cheval impatient, n'étant nullement contenu, s'élança à leur suite, et ce ne fut qu'alors que le Baron s'aperçut qu'il n'avait pas de bride.

« Hohé! là! là! maudite bête!....... Mesdames, Mesdames, arrêtez; je vais me rompre les os; je suis un homme mort..... » Thérèse, tout à l'idée que les jours de son époux pouvaient être exposés, examinait avec soin la trace des chevaux qui venaient de parcourir cette route, et pressait le flanc du sien. Madame de Ligneville la suivait de près; étant beaucoup mieux montées que le Baron, elles gagnaient tellement du terrain sur lui, que ses cris n'arrivèrent pas jusqu'à elles.

Enfin elles rencontrèrent les montagnons qui, revenant de la grotte, les instruisirent de ce qui s'y passait. Au nom du sorcier, elles restèrent muettes de surprise ; mais Thérèse, emportée par un nouveau sentiment digne de la générosité de son âme, reprit sa route avec célérité, et arriva bientôt, ainsi que sa compagne, dans le lieu où son père expirait. Elles mettaient à peine pied à terre, que le Baron, criant : Gare ! gare ! atteignit le même terrain ; là, son cheval retrouvant ses compagnons, s'arrêta sur coup, mais si promptement, que le malheureux cavalier, perdant l'équilibre, fut lancé presque sur le moribond.

« Dieu ! s'écria-t-il, je suis moulu !

— C'est M. de Gallina ! crièrent quelques paysans. — Le mangeur de gelinottes ! » ajoutèrent plusieurs autres, et on l'aida à se relever, tout meurtri de sa chute.

La foule se tenait toujours éloignée ; Robert, aussitôt qu'il avait aperçu Thérèse, s'était avancé à sa rencontre, et lui avait recommandé la plus grande discrétion et autant de fermeté : à la vue de l'objet effrayant qui s'offrait à ses regards, elle n'avait pu se défendre d'un mouvement d'horreur et de pitié; elle s'approcha cependant de l'auteur de ses jours et de ses malheurs : l'ayant reconnue, il parut un instant recouvrer une partie de ses forces.

« C'est vous..... Dieu me prend donc en pitié !

— Comptez sur sa miséricorde, dit Thérèse en sanglotant : il pardonne au repentir.....

— Le mien..... est grand !..... Il n'égale pas mes crimes. Je viens d'entendre nommer l'oncle de ton mari.

— Que voulez-vous dire ?

— J'ai entendu nommer Gallina ;..... j'ai entendu la voix de celui que j'ai assassiné,..... ou celle de son fils.

— Serait-il possible ! s'écria Thérèse. »

Le Baron, forcé de s'approcher de Delval, qu'il regardait de loin avec l'expression du dégoût et de la crainte, demanda ce qu'on exigeait de lui.

« Reste là un instant, reprit le moribond ;..... contemple celui que la vengeance des hommes ne put atteindre, mais qui n'échappe point aux châtimens du Juge souverain. Vois périr le meurtrier de ton père et de ta sœur..... »

Delval, en prononçant ces mots, souleva sa tête, qui reposait sur un rocher, en frappa deux fois la pierre avec une force convulsive ; un sang noir jaillit..... il expira. Un cri général suivit ce dernier trait de désespoir.

Mais laissons ce tableau : il ne nous offre plus que la douleur de Thérèse, la sombre tristesse de son mari, l'étonnement du Baron, et un reste d'effroi de madame de Ligneville, qui sollicite ses amis de s'éloigner du théâtre de cette scène, et prie les paysans de rendre les derniers devoirs au sorcier. « Il vient de mourir, leur dit-elle, en se repentant des maux qu'il nous a faits. » Ces mots suffi-

rent pour obtenir grâce des bons Francs-
Comtois, qui s'empressèrent de remplir
les intentions de madame de Ligneville.

Un instant après avoir quitté la caverne, le Baron se félicitait tout haut de
posséder un neveu tel que M. de Leu,
et Robert, malgré sa mélancolie, répon-
dait à ses éloges. Thérèse, enfoncée dans
ses réflexions, de moment en moment
essuyait les larmes qu'elle ne cessait de
répandre : madame de Ligneville demanda tout à coup, avec inquiétude, ce
qu'était devenu le Chevalier.

Au moment où les dames et le Baron
étaient arrivés vers la grotte, Charles,
que la présence de la sensible veuve avait
d'abord interdit, songeant que mademoiselle de Leu devait être demeurée
seule dans la maison du clos, remonta
sur son cheval, et partit au grand galop.
Arrivé dans cette habitation, après s'être
fait ouvrir la grille, il aperçut, à travers
les croisées ouvertes, Lucie dans le salon, attendant avec anxiété le retour de

ses amis. Il franchit précipitamment la porte, s'élança dans l'appartement, et tomba aux genoux de son amante effrayée.

« Que voulez-vous, Monsieur? où sont mes parens?.....

— N'ayez aucune crainte, adorable Lucie; ils seront bientôt de retour. Ne refusez pas de m'entendre, et soyez assurée que rien ne m'éloignera du respect que je vous dois.

— Pourquoi cette posture?... Levez-vous, Monsieur, ce n'est pas ainsi.....

— Je vous obéirai : pardon si je vous ai offensée.

— Oui, je conçois,..... dit alors Lucie en souriant, et rassurée par l'air contrit de Charles, la grande habitude.....

— Oh! n'ayez pas de moi cette opinion injuste; vous seule méritez un tel hommage.

— Dans quel lieu avez-vous quitté M. de Leu?

— Près d'ici. Mais, de grâce, écoutez-moi : je vous ai vue hier à Besançon.

— Il est vrai que nous y avons reconduit M. Knopf.

— Je n'ai pas perdu un seul instant vour voler à votre poursuite.

— Après une nuit de réflexion.

— Hier même, je me suis égaré dans ces montagnes : j'ignorais où vous habitiez ; le hasard seul m'a fait découvrir votre demeure.

— Vous espériez y retrouver madame de Ligneville : cet empressement était naturel.

— J'espérais sortir enfin de l'état d'angoisse où je me trouve depuis l'instant où je vous ai rencontrée.

— Aux Champs-Elysées, nous étions, mon amie et moi, fort embarrassées, je m'en souviens.....

— Ah ! quittez ce ton d'une si cruelle indifférence.... J'ai vainement demandé votre main.

— Je l'ignorais, Monsieur, reprit Lucie avec l'air le plus sérieux ; mais puisque mes parens ne vous l'ont point accordée, je serais coupable de vous écouter davantage. Permettez que je me retire.

— Un instant, de grâce. Leur refus ne m'ôte pas tout espoir, et si j'avais le bonheur d'obtenir l'assurance que vous m'estimez assez pour ne point désapprouver mes projets, je me croirais déjà le plus heureux des mortels.

— Pardonnez-moi, Monsieur, il ne m'est point permis de répondre à de tels discours.

— Et qui peut vous imposer ce cruel silence ?

— L'incertitude.

— Quoi ! douteriez-vous de mon honneur ? de la pureté de mes intentions ? N'ai-je pas fait jusqu'à ce jour tout ce qui dépendait de moi pour obtenir votre main ?

— N'avez-vous pas plus fait encore

pour obtenir le cœur de madame de Ligneville ?.....

— Quel injuste soupçon ! Qui peut vous faire supposer de ma part une pareille conduite ?

— Ses aveux mêmes.

— Serait-il possible qu'elle se fût abusée à ce point ?

— Tout semblait autoriser ses espérances. Ecoutez, M. de Régensbourg, je sais de votre ami le plus intime, de M. Knopf, que votre goût dominant fut toujours l'inconstance : ne vaut-il pas mieux vous avouer franchement que je ne puis jamais.....

— Au nom du Ciel ! n'allez pas prononcer l'arrêt de ma mort, interrompit Charles avec véhémence. J'avoue que ma conduite jusqu'à ce jour mérita la censure de mon ami, et que votre cruauté n'est pour moi que le juste châtiment de mes erreurs. Mais, à votre tour, devez-vous croire qu'il ne soit aucun terme aux étourderies d'un jeune homme élevé dans les camps? Ah! Lucie, daignez achever votre ouvrage : je vous dois mon retour à la raison, à des sentimens estimables, puisqu'ils sont inspirés par vous, que je vous doive encore l'espérance d'un lien fortuné; dites, dites que je puis me rendre digne de votre affection,..... de votre pitié,..... imposez à ma tendresse telle épreuve que vous jugerez convenable : rien ne me coûtera pour mériter le prix auquel j'aspire.

— Je dépends absolument de mes parens; plus jeune, j'ai osé vous l'écrire : je vous le répète aujourd'hui; je dois aussi vous avouer qu'ils ont déjà disposé de ma main.

— Serait-il vrai! lorsque madame de Leu elle-même m'avait assuré,..... je ne trahirai point son secret, et cependant on a abusé de ma crédulité,..... cela est bien mal! » Charles prononça ces derniers mots avec une expression de chagrin difficile à décrire; de grosses larmes roulèrent dans ses yeux, et tombèrent sur sa poitrine. Lucie, attendrie de son émotion, commençait à mal déguiser les mouvemens de son cœur, et ne le fixait plus avec cette feinte tranquillité qui venait d'épuiser les forces de son âme. Après un moment de silence, Charles continua en ces termes :

« Ainsi,..... plus d'espoir,..... et je n'ai pas le droit de me plaindre, n'ayant obtenu de vous que la plus froide indifférence...... Je vais m'éloigner, Mademoiselle, je ne vous importunerai plus; vous allez être heureuse, je le désire du moins;..... moi, je gémirai loin de vous,..... bien loin :..... je ne pourrais vous voir l'épouse d'un autre, sans en mourir de désespoir...... Adieu.

— Vous partez sans revoir mes parens?

— A quoi bon ! ils ne pourraient que me répéter ce que vous m'avez dit : d'ailleurs je ne puis les solliciter contre votre propre penchant.

« — Eh bien ! Monsieur, s'il faut maintenant que ce soit moi qui vous prie.

— Non, non, je reste puisque vous le désirez.

— Je n'ai pas dit cela. »

On sonna au même instant à la grille ; Lucie, saisie d'une frayeur dont elle ne pouvait elle-même se rendre compte, s'enfuit dans son appartement ; mais les croisées du salon étant demeurées ouvertes, elle ne put échapper aux regards de Robert, dont le sérieux augmenta, en découvrant le Chevalier qui l'attendait effrontément dans cette pièce. Après avoir échangé quelques paroles avec le Baron et les Dames, M. de Leu entra seul, et témoigna à Charles sa surprise de ce qu'il avait profité de l'absence des protecteurs de Lucie, pour venir l'entretenir.

« Je reçois vos justes reproches, Monsieur, je vous demande le pardon de mon offense, et ne prétends me justifier que par ma franchise : vous connaissez mes sentimens pour mademoiselle Lucie; j'avais pensé jusqu'à ce jour que le refus qu'on me faisait de sa main, pouvait avoir une autre cause que votre volonté; je veux dire l'éloignement pour moi de cette demoiselle elle-même, et j'ai voulu m'en assurer.

— Eh bien! Monsieur, êtes-vous satisfait?

— Elle vient de m'apprendre qu'on la destine à un autre, et cependant elle ne me défend pas de vous solliciter.

— Lucie ne sait point encore, Monsieur, combien elle doit de respect à la volonté de celui qui dispose de son sort.

— Mais ne puis-je enfin connaître l'auteur de ses jours? il languissait, m'a-t-on dit, en exil. Les circonstances ne le rameneront-elles pas au sein de sa patrie?

— Nous espérons bientôt le revoir; je vous promets alors de vous le faire connaître, de le prévenir même en votre faveur ; en attendant , vous devez sentir l'inconvenance qu'il y aurait.....

— Je vous entends, Monsieur, je suis d'ailleurs trop satisfait de la promesse que j'obtiens de vous, pour ne pas me soumettre aveuglément à vos désirs. Veuillez recevoir mes adieux.

— Je vous sais bon gré de cette con-descendance, Monsieur; écrivez-moi : je vous promets de vous accorder toute sa-tisfaction. »

Charles prit congé de Robert, après l'avoir remercié de ses bonnes inten-tions , et regagna la route de la capitale du Doubs.

Arrivé à l'hôtel *du Sauvage,* où il avait fixé sa demeure, il fut, on ne peut plus surpris d'y rencontrer M. Vincent, ainsi que Durand, qui, tous deux, se dis-posaient à monter en voiture pour con-tinuer leur route. On se rappelle que l'un et l'autre n'avaient pas une très-haute idée du caractère du Chevalier :

aussi l'entretien ne dura-t-il qu'un instant, et ils se séparèrent.

Charles, rentré dans son appartement, écrivit une longue lettre à M. de Leu, lui expliqua tous les titres qu'il jugeait pouvoir justifier ses prétentions à la main de Lucie ; il oublia seulement de lui faire connaître son véritable nom ; mais il n'omit point qu'il était fils d'un ancien marquis, et qu'il possédait, outre les espérances que lui donnait un nouvel état de choses, quinze mille livres de rente : il écrivit également à Georges. Après plusieurs jours d'attente, il reçut, au même instant, les deux lettres suivantes :

« Monsieur, j'ai fait part de votre de-
» mande au père de Lucie : il refuse posi-
» tivement vos offres, et dispose envers
» un autre de la main de sa fille. Je suis
» on ne peut plus peiné de n'avoir que
» cette fâcheuse réponse à vous faire.

» Veuillez, etc.   Signé ROBERT. »

« Mon cher Charles, dis adieu à tous
» tes rêves d'amour et de mariage; pars
» pour Monnaie, et viens te consoler dans
» les bras du meilleur de tes amis : hâte-
» toi.   GEORGES KNOPF. »

Charles relut plusieurs fois le premier
de ces billets, fit son porte-manteau,
loua de nouveau un cheval, beaucoup
meilleur que le premier, et se mit en
route pour la maison du Clos, dans l'intention de solliciter lui-même le père de
son amante : arrivé au grand galop jusqu'à l'entrée de cette habitation, il vit
Claudin qui était venu dans l'intention
d'ouvrir la grille, et qui, après l'avoir
examiné, lui dit qu'on ne pouvait le
recevoir.

« Qui vous a donné cet ordre ?
— Mon maître.
— Allez lui dire que M. de Régensbourg désire l'entretenir un instant.
— Oui, je vous connais bien, Monsieur, c'est pourquoi je ne vous ouvre
pas. »

Cette réponse faillit lui faire perdre toute espèce de mesure ; lançant un regard furieux sur le vieux jardinier, il était près de l'accabler d'injures ; mais il vit ses rides, ses cheveux blancs, et se retira, dévorant le dépit qui l'agitait. S'étant rendu au village le plus prochain, il s'arrêta dans une auberge pour écrire une nouvelle lettre à Robert. Le garçon, qui lui apporta de l'encre et du papier, lui dit, en l'abordant :

« Monsieur vient sans doute à la fête qu'on donne c'soir au Clos pour les accordailles ; on dit aussi qu'on y annoncera une grand' nouvelle aux habitans du pays, et ils sont tous invités, c'la sera joli ! on dit encor' qu'tout l'jardin s'ra illuminé, qu'y aura un feu d'artifice, des danses, un grand souper.

—Oui,..... répond Charles, en réfléchissant, dit-on tout cela ?

—Certainement, Monsieur.

— En ce cas, remporte ton écritoire.»

CHAPITRE IX.

« Ce soir les accordailles ! répétait Charles, en se promenant à grands pas dans la chambre : nous verrons, nous verrons. Il ne sera pas dit qu'on méprisera impunément les démarches d'un militaire estimable : Lucie m'aime, elle m'aime, j'en suis sûr. Dans notre dernière entrevue, je me suis aperçu de son trouble, elle versait des larmes : c'est une victime qu'on veut sacrifier ! mais cela ne sera pas, ou je perdrai la vie. » Charles résolut d'attendre la nuit, avant de rien entreprendre, et de ne point se montrer dans les environs, afin de n'inspirer aucune défiance aux habitans du Clos.

Il prévint l'aubergiste qu'il passerait la nuit dans sa maison, et se fit donner un appartement ; là, après avoir fait un assez mauvais dîner, il fit venir le garçon qui l'avait informé de la fête; lui donnant une pièce d'or :

« Peux-tu, mon ami, me prêter des habits semblables à ceux que tu portes, pour deux heures seulement?

— Mais, Monsieur, j'n'ai qu' ceux qu' j'mets l'dimance, et j'veux aussi voir la fête du Clos.

— Eh bien! tu mettras les miens : nous sommes de la même taille.

— Par exemple!..... c'est donc pour vous, ces habits qu' vous d'mandez? vous voulez donc faire queuqu' farce à la fête?

— Oui, pour faire rire la société ,..... tu comprends ?

— Bah! j'crois ben, que j'comprends! en c'cas j'vais vous donner c'qui vous faut : ma veste d'drap cannelle, mon gilet bleu d'ciel, mon pantalon vert, l' tout frappant neufs, je n'les ai pas mis cent fois.

— Cours me chercher cela, j'ai hâte de me voir en toilette. »

Le garçon sortit, et rentra bientôt avec les hardes annoncées; Charles s'empressa d'opérer sa métamorphose, et la nuit, attendue avec tant d'impatience, étendit enfin ses premières ombres. Profitant d'un faible reste de lumière, il sortit de l'auberge, et prit la route du Clos Bientôt il aperçut à côté de lui un personnage que, malgré l'obscurité toujours croissante, il reconnut parfaitement. Oubliant son déguisement, il lui adressa la parole :

« Eh mais... je ne me trompe pas : c'est le brave M. Durand que je retrouve une seconde fois.

— Lui-même, mon ami ; qui êtes-vous?

— Comment! vous ne me reconnaissez pas ?

— Dieu me pardonne ! c'est le chevalier de Régensbourg ! Qui pourrait vous deviner sous ce costume.

— Ah !..... je conçois votre surprise,

dit Charles en s'examinant lui-même..... Vous êtes donc de ce pays, M. Durand?

— Oui, Monsieur; je l'avais quitté depuis long-temps; mais je ne m'en éloignerai plus. Seriez-vous dans l'intention de vous y fixer?

— Ou de m'y faire tuer, M. Durand.

— Diable! cela est sérieux.

— J'aime, et on me refuse celle que j'adore.

— Elle est donc plus riche que vous?

— On ne me donne aucun motif.

— Cela n'est pas bien, car vous êtes un honnête homme. Je sais que vous portez un bon cœur : à Brünn, vous avez en quelque sorte sauvé la vie à mon ami Vincent, dont cependant vous aviez à vous plaindre : vous êtes ensuite l'ami de M. Lorber, et cela fait votre éloge.

— C'est bien; mais mes amis n'ont rien de commun avec M. et madame de Leu, et le père de Lucie.

— Ah! c'est de mademoiselle Lucie dont il est question?

— Connaîtriez-vous sa famille ?

— Beaucoup, et je doute que vous puissiez obtenir cette jeune personne.

— Eh bien ! M. Durand, je ferai quelque malheur : je veux me marier, me marier avec Lucie, ou je tue son prétendu, son père, ses parens, et ensuite je me brûle la cervelle.

— Peste ! quelle boucherie ! comme vous y allez. N'y a-t-il pas d'autres moyens d'arriver à une bonne conclusion ? L'enlever, par exemple.

— Elle ne voudra jamais consentir à me suivre.

— Bah ! il ne faut pas la consulter.

— Comment s'y prendre ?

— Ecoutez : on donne ce soir une fête dans le Clos ; là, se trouveront réunies plusieurs de vos connaissances.

— Quelles sont-elles ?

— M. Vincent, mon intime ami, qui ne demandera pas mieux de s'acquitter envers vous du service que vous lui avez rendu ; de plus, MM. Lorber et

Saint-Paul, avec toute une famille allemande à laquelle ils vont s'allier.

— Bon! les Frieden?

— Précisément. Tous ces mariages doivent se faire le même jour chez M. de Leu.

— Et vous croyez que ces Messieurs consentiraient à me seconder dans une pareille entreprise?

— Je n'en doute pas; surtout lorsque j'aurai annoncé qu'il y va de la vie d'une douzaine de personnes, y comprise la vôtre. Laissez-moi agir : d'abord, introduisez-vous avec moi dans le Clos, cachez-vous sous les arbres qui entourent la maison; je vais paraître au milieu de la fête, et disposer toutes choses pour une prompte fuite. Une voiture viendra dans une heure se placer près de cette entrée, dont je vais faire enlever les lampions : Lucie sera contrainte d'y monter; mais ne parlez à personne, laissez partir cette voiture et disparaître tout le monde. Vous resterez ensuite à cette place, afin de vous opposer aux paysans que les cris de Lucie pourraient attirer à son secours.

— Surtout, M. Durand, recommandez bien qu'on ne lui fasse aucun mal.

— Rassurez-vous : nous emploierons la violence avec tous les égards possibles.

— Que de bonté ! Où reverrai-je ensuite ma Lucie ?

— Nous conviendrons de cela; je vous le dirai sitôt après l'enlèvement. Nous aurons des chevaux à nos ordres pour nous rendre au lieu du rendez-vous.

— Tout est bien imaginé; comment vous remercier !...

— Vous me remercierez après l'événement; mais nous voici arrivés : entrons ensemble, et cachez-vous ainsi que je vous l'ai dit.

—Cette cour est horriblement éclairée.

— Cherchez l'obscurité un peu plus loin, dans ce massif de rosiers. A revoir, je vais m'occuper de notre affaire. »

Charles se tapit dans le buisson de

roses , et Durand courut vers le comte de Surville : il le trouva dans son appartement , lisant une lettre qui lui ordonnait de se rendre incessamment à la Cour. Son ancien piqueur l'aborda :

« M. le Comte , si vous voulez éviter un fâcheux éclat, il faut de suite quitter cette maison , et dérober mademoiselle Lucie aux poursuites d'un jeune extravagant , capable de tout entreprendre pour la ravir à ses devoirs.

— De qui veux-tu parler, mon cher Durand?

— Du Chevalier ; il est dans ce Clos, déguisé, avec plusieurs de ses amis qui peuvent le seconder, au premier signal, pour enlever votre fille.

— Serait-il vrai?

— N'en doutez pas : ces militaires sont capables de tout, et je crains le désespoir de celui-ci.

— Qui t'a instruit des projets de ce jeune insensé?

— Un hasard que vous connaîtrez, mais plus tard. Vous n'avez pas un instant à perdre en vaines explications : il faut faire atteler votre voiture, et vous rendre de suite chez notre ami où tout sera disposé pour vous recevoir, ainsi que votre fille.

— A propos, tu l'as vu cet excellent homme : pourquoi ne vient-il pas?

— Sa santé ne peut lui permettre ce voyage ; j'ai passé la journée d'hier avec lui. Il m'a dit qu'il n'y aurait plus qu'à signer le contrat, aussitôt notre arrivée chez lui ; hâtez-vous de donner vos ordres, je vous en prie : un instant de retard peut détruire tous nos projets. »

M. de Surville s'empressa de suivre les conseils de Durand ; Lucie étant survenue, accompagnée de M. et madame de Leu, il lui annonça qu'il était forcé de partir sur-le-champ ; qu'elle devait se disposer à le suivre, et que dans vingt-quatre heures elle serait unie à l'époux qu'on lui destinait.

Mademoiselle de Surville savait que, sans la consulter, on avait disposé de son sort; mais elle conservait encore l'espérance qu'avec le temps elle pourrait fléchir son père, et s'affranchir d'une union qui détruisait à jamais ses plus douces espérances. La promptitude de ce départ, ainsi que son motif, porta la terreur dans son âme; une pâleur subite s'étendit sur ses traits : ses larmes coulèrent avec abondance; se précipitant alors aux genoux de son père :

« M. le Comte, ne daignerez-vous pas entendre ma prière?

—Que voulez-vous? parlez; mais quittez cette attitude suppliante : si votre demande est juste, elle n'a pas besoin de démonstrations pareilles.

— Daignez retarder l'instant qui doit me séparer de vous. Hélas! à peine ai-je pu contempler celui qui, dès mon enfance, a été soustrait à ma vénération, que je dois me préparer à reconnaître l'autorité d'un nouveau protecteur in-

connu pour moi, auquel il faut sacrifier le bonheur que je goûtais auprès des
amis qui soignèrent ma jeunesse, et celui que j'espérais trouver en vous prodi-
guant les plus tendres soins, en m'ins-
truisant, par vos conseils, des nouveaux
devoirs que ma naissance m'impose.....

— Recevez donc une première leçon,
interrompit le Comte, avec un ton d'autorité qu'il cherchait à tempérer par
l'expression de sa physionomie. La fille
du comte de Surville doit avoir assez
d'estime pour son père, assez de respect
pour ses volontés, pour s'en rapporter
à lui seul du soin de sa félicité future....
Lucie, ajouta-t-il avec affection, votre
mère était un ange! vos traits me la rap-
pellent!..... que je retrouve en vous les
vertus que j'adorais en elle, l'aimable
douceur qui me la fit chérir..... »

Lucie ne put répondre à ce discours,
et se jeta dans les bras de Thérèse pour
y cacher ses pleurs.

Tout à coup les feux d'artifice jaillirent de plusieurs parties du Clos ; des transparens, ornés de dévises en l'honneur du Comte, parurent aux yeux de toute la population rassemblée ; le son des instrumens invita à la danse, et des groupes se formèrent dans le verger. En ce moment, la famille Frieden, Lorber, St.-Paul, M. de Gallina et madame de Ligneville, vinrent féliciter le comte de Surville de son heureux retour; le Baron s'étant approché, se fit connaître à lui pour l'oncle maternel de Robert.

« J'étais prévenu, lui dit M. de Surville, par mon neveu, M. de Leu, que je ne trouverais ici que des amis de ma famille; j'ose espérer qu'il ne s'est point trompé.

— Non, sûrement, Monsieur le Comte, je veux vous le prouver pour ma part à votre premier dîner. J'ai pu m'assurer que les Gallina avaient moins à se plaindre du Marquis, votre frère, que de ce damné Delval.

IV.   11*

—De grâce, Baron, interrompit Robert, ma femme est ici.....»

St.-Paul, qui jusqu'à ce moment avait paru occupé d'une pensée pénible, fixant le comte de Surville d'un œil scrutateur :

« Ne pouvez-vous m'indiquer où je pourrais rencontrer l'époux d'Hortense, M. le Comte?

— Il n'est plus, Monsieur.

— A-t-il du moins laissé en ce pays des souvenirs plus honorables que ceux qui se rattachent à son épouse? continua le Capitaine.

— Qu'osez-vous dire, Monsieur? reprit Robert. Madame Delval, en butte au complot le plus noir, succomba victime de sa confiance : nous en avons la preuve ; ses bourreaux mêmes rendirent hommage à ses vertus : nulle tache n'obscurcit sa mémoire.

— Serait-il vrai ! pardon, Monsieur le Comte, continua St.-Paul avec feu ;

mais j'ai besoin de votre assentiment
pour accorder à cette infortunée le tribut de regret que lui eût mérité mon
estime.

— Je ne conçois pas, Monsieur, pourquoi je dois être juge dans une semblable cause ; je n'ai pu suivre les époques
de la vie de madame Delval jusqu'à ces
derniers momens ; mais je puis attester, par l'honneur de mon nom, que je
ne connais rien d'elle qui ne soit digne
d'éloge et de respect.

— Ah ! Monsieur, de quel poids vous
soulagez mon cœur ! Vous voyez en moi
le frère de la malheureuse Hortense. »

Le Comte surpris, porta ses regards
sur Thérèse, qui jusqu'alors avait caché
dans les bras de Lucie son trouble et
son émotion, et la désignant au Capitaine : « Félicitez-vous encore, Monsieur :
il vous reste une nièce bien digne de
votre amour.

— Vous, Madame, reprit vivement
St.-Paul. Quoi ! vous seriez;..... oui, je

reconnais les traits de cette sœur jadis chérie : oh ! venez sur mon cœur, et qu'en vous elle me soit rendue. »

Dans ce moment, Durand rentra, et vint parler à l'oreille du Comte ; celui-ci annonça aussitôt qu'une affaire de la plus haute importance le forçait, sur l'heure, à s'absenter pour quelques jours : il prit congé de la compagnie, chacun le suivit jusqu'à sa voiture, dans laquelle Lucie monta en versant un torrent de larmes : les chevaux, vigoureusement pressés, prirent leur course vers la route d'Arbois.

Après ce départ, Durand engagea toute la société à le suivre dans le salon ; peu de temps après, il revint dans la cour où il trouva Charles surpris de la facilité avec laquelle Lucie s'était laissée enlever.

« Arrivez donc, mon bon Monsieur Durand ; vous êtes réellement un homme étonnant ; de mon réduit, l'obscurité ne m'a permis de reconnaître personne ;

mais il paraît que vous aviez disposé tout le monde en ma faveur.

— N'est-ce pas que cette affaire a bien tourné !

— Divinement ! Lucie pleurait cependant ; mais enfin elle n'a pas crié, et c'est beaucoup.

— Oh ! j'avais eu soin de la préparer. A présent, sortez de ce clos, suivez-en le mur à gauche, jusqu'à ce que vous trouviez une petite porte ; là, vous m'attendrez, et dans peu d'instans je vous rejoindrai avec des moyens de voyager.

— C'est parfait, hâtez-vous ; car je brûle de revoir, de rassurer cette chère Lucie.

— Vous serez bientôt satisfait, partez.

— A propos, quels sont les cris que j'ai entendus ?

— On fête le retour de l'ancien Seigneur de ce lieu.

— Comment le nomme-t-on ? j'ai compris quelque chose qui se terminait en *ville*.

— C'est Ligneville apparemment. Mais allez donc à votre poste.

— J'y cours. »

Charles suivait la direction que Durand lui avait indiquée, et, comme la petite porte se trouvait entièrement opposée à la grille, ce ne fut qu'après avoir marché vingt minutes dans l'obscurité, se heurtant à chaque pas contre les rochers ou le mur, qu'il découvrit enfin l'endroit qu'on lui avait désigné. Il y était depuis un quart d'heure, et commençait à s'impatienter, lorsqu'il vit s'approcher une lumière : la petite porte s'ouvrit, et toute la compagnie, à l'exception de Durand et de M. et madame de Leu, s'offrit à ses regards.

Une torche, portée par Claudin, éclairait cette nouvelle scène.

« Est-il possible! s'écria St.-Paul, mon cher Commandant sous cet uniforme!

— M. de Régensbourg! dit madame de Ligneville : quelle drôle de mine !

— Par quel heureux hasard ! ajouta Julia.

— Monsieur, qui peut devenir tout ce qu'il veut, dit Georgina, se sera fait berger pour séduire quelque jeune pastourelle.

—Vous vous trompez, Mademoiselle, interrompit le Baron, vous voyez bien que Monsieur est à l'affût : il est en habit de chasse.

— Trêve de plaisanterie, Messieurs et mesdames, dit alors Lorber, du ton le plus sérieux. Dites-moi, Chevalier, je vous prie, étiez-vous d'accord avec Durand pour enlever mademoiselle de Surville? »

Charles jusqu'à ce moment avait été agité par la colère et la confusion; il était près de céder à toute l'impétuosité de son caractère, lorsqu'il fut rappelé à d'autres idées par la question de Frédéric.

« Mademoiselle de Surville!

— Sans doute, la fille du Comte de ce nom, poursuivit Lorber.

— Il est inutile de feindre, reprit Charles d'un ton impérieux; je vois que je suis joué, et ma crédulité mérite ce prix. J'avouerai en même temps que j'ignorais que ma folle conduite pût porter atteinte à l'honneur de ma propre famille; je suis prêt à demander au Comte lui-même, toutes les excuses qu'il est en droit d'exiger. Maintenant, Messieurs, gardez-vous de m'offenser davantage par vos plaisanteries et votre ton railleur : on ne m'outrage pas impunément.

— S'il était question de plaisanter, mon cher Chevalier, reprit Lorber, je vous dirai qu'il ne vous est pas plus permis de vous battre, qu'il n'est loisible à un financier de trafiquer de ses fonds lorsqu'ils sont sous le séquestre. Vous vous rappelez du Pradher..... Mais brisons là. Ce Durand, qui sans doute vous avait entraîné dans une démarche coupable, nous a tous abusés : après avoir employé notre secours pour mieux réussir, il vient de nous déclarer, en fuyant sur un très-bon cheval, que mademoiselle Lucie va devenir son épouse, et que nous pouvions venir vous consoler ici.

—Ne me trompez-vous pas ? quoi ! cet homme serait assez scélérat.....

—Il n'est que trop vrai. M. et Mme de Leu sont au désespoir ; le Comte est parti pour voler à la poursuite du ravisseur ; mais on assure qu'il aura conduit l'infortunée jeune fille dans quelque caverne de ces montagnes, d'où elle ne sortira que l'épouse de ce misérable.

—O rage ! s'écria Charles en se tordant les bras avec la fureur du délire, et je ne pourrais l'atteindre ! Je jure de ne prendre nul repos avant d'avoir vengé ce sanglant affront.

— Nous partagerons vos travaux, ajouta Frédéric avec emphase.

—Oui, dit St.-Paul formons à notre tour une sainte alliance, et cherchons le coupable jusque dans les enfers s'il le faut.

—Quels seront, interrompit M. de Gallina, les conditions que les nouveaux ligueurs auront à remplir? S'il faut marcher, ou monter à cheval sans bride, je vous préviens que je ne puis en être.

— Quels que soient vos projets, Messieurs, interrompit madame de Ligneville, nous ne pouvons les seconder, ni même les sanctionner. J'espère que M. le Baron ne s'éloignera pas avant d'avoir signé notre contrat de mariage : le notaire est ici.

— Non, sans doute, adorable dame; je ne veux servir que sous vos ordres. Acceptez mon bras, et venez signer mon bonheur.

— Je vous préviens, dit Georgina à Saint-Paul, que mes parens veulent se retirer de bonne heure, et qu'ils désirent que l'acte de notre accord devance celui du Baron et de madame de Ligneville.

— J'aurais le plus grand tort de les

faire attendre : je ne suis pas assez ennemi de moi-même. Que je vous con-
duise vers ces bons parens. »

Julia, s'adressant alors à Lorber :

« Mon cher Frédéric, mon père con-
sent enfin à notre union ; courons le remercier, et qu'un même jour nous voie
tous heureux.

— Est-il possible ! Ce jour sera le plus
beau de ma vie ! Hâtons-nous. »

Toute la société était disparue. Charles, en proie au plus vif chagrin, avait à
peine entendu les discours de ceux qui
l'abandonnaient : cependant il ne pouvait se dissimuler qu'il ne fût devenu
pour tous un objet d'indifférence et
peut-être de mépris. Claudin, qui seul
était demeuré comme un terme, tenant
toujours sa torche allumée, considérait
le jeune Chef d'escadron avec un air de
pitié, et semblait réellement prendre
part aux tourmens dont il le voyait agité.
Charles, le fixant à son tour d'un œil
égaré, crut remarquer dans ses regards

un sentiment d'accord avec les peines de son cœur, et se laissant entraîner par le besoin de s'entretenir de sa souffrance :

« Ne me trouvez-vous pas bien malheureux ? Les seules personnes dont il me soit permis d'espérer des consolation, viennent m'outrager par leurs railleries, et m'abandonnent ensuite aux tourmens qui m'accablent.

— Dam ! Monsieur, ainsi va l'monde ; comm' dit l'proverb' : *Où la haie est basse chacun y passe;* pourtant faut croire qu'ils ont des raisons pour en agir ainsi.

— Aucune, je vous le proteste.

— Je crois qu' si : nous autr's domestiques nous entendons causer, et.....

— Qu'avez-vous appris ? Je voudrais connaître, au moins, les reproches qu'ils se croient en droit de me faire.

— Voici : le Capitaine dit comme ça qu'il a concouru d'tous ses moyens à vous donner d'l'esprit, d'l'éducation, et qu', pour l'en récompenser, vous avez fait la cour à sa prétendue, qu' vous vous êtes toujours moqué d'ses avis, et qu' vous n'lui avez pas prouvé une miette de r'connaissance : est-ce vrai, ça?

— A la bonne heure, St.-Paul peut m'accuser; mais les autres, que peuvent-ils dire? —

— Voici encore : le jeune Monsieur allemand assure que votre conduite avec les femmes n'lui permettra plus d'vous voir une fois qu'il sera marié, et qu'ainsi il a intérêt à rompre avec vous l'plutôt possible.

— J'avoue que je n'ai pas toujours été un saint; mais lorsque je veux me corriger, est-ce le moment de me punir de mes torts?

— I' disent qu'on n'se corrige pas en f'sant des enlèvemens de jeunes filles.

— Ensuite?... j'espère que c'est tout.

— Non, pas encore. M. de Gallina dit que vous mangez toujours beaucoup du plat qu'il aime l'mieux, et qu' vous dites des douceurs à madame de Ligneville.

— L'imbécile!

— Les deux demoiselles nouvellement arrivées avec leurs parens, prétendent qu' vous vouliez tout bonnement les séduire d'compagnie, et qu' si elles n'sont pas déshonorées, n'y a rien d'vot' faute.

— Oh! cela, je conviens qu'elles doivent m'en vouloir. Cependant elles se marient, et tout devrait être oublié.

— M. Durand.....

— Ah! le scélérat! interrompit Charles avec l'accent de la rage.

— C'est possible; au total il disait lui qu' pour l'récompenser d'l'hospitalité qu' vous avez r'çue d'lui en Autriche, vous vous êtes moqué d'son ami Vincent en vous f'sant passer pour c'que vous n'étiez pas, et en débitant des calomnies sur la famille de M. de Surville.

— Je plaisantais alors, car j'étais moi-même le but de mes sarcasmes.

— Ah! c'est qu' lui n'plaisante jamais, voyez-vous. Il a rendu d'grands services au Comte dans la révolution, c'monsieur

Durand ; quoiqu'il ait été autrefois son piqueur, il a fait fortune, et lui a d'mandé la main d'sa fille : tout s'bacle au moment où j'vous parle.

— Quoi ! M. de Surville s'avilirait au point de sacrifier Lucie à une pareille considération !

— Non, i'dit qu' c'est par reconnaissance.

— Mon brave homme, dites-moi, je vous en conjure, où je pourrais les rejoindre. Tenez, voici ma bourse, indiquez-moi le chemin qu'ils ont pris ; il y va de ma vie.

— Impossible. Diable ! je f'rais là une belle chose ! empêcher un mariage qui doit s'consumer cett' nuit même !

— Eh bien ! vieillard dur et entêté, je saurai bien te contraindre à m'instruire : parle, ou je te brûle la cervelle. »

Charles ayant sorti de sa poche un pistolet, le tenait en joue à deux pieds de la poitrine de Claudin, lorsque tout à coup il se sentit saisir et désarmer par plusieurs bras vigoureux, dont la force ne lui laissa aucun moyen de résistance. Quatre montagnons, d'une stature gigantesque, lui lièrent les bras et les jambes, lui bandèrent les yeux, l'attachèrent ensuite sur une civière et le transportèrent, malgré ses cris et ses vociférations, sans lui répondre un seul mot, à un quart de lieue environ de l'endroit où ils s'en étaient emparés. Charles éprouvait alors une véritable extinction de voix ; les efforts qu'il avait faits pour briser ses liens, venaient d'épuiser toutes ses facultés. Les montagnons l'ayant détaché du brancard, il se sentit soulever et placer, avec eux, dans une voiture, que trois chevaux emportèrent avec rapidité. Un de ses compagnons lui dit alors qu'il était arrêté par ordre du Maire de ce canton qui, ayant eu connaissance de son déguisement par M. Durand, ne pouvait lui supposer que de mauvaises intentions, et l'envoyait au Préfet du Jura, pour qu'on lui fît justice, et que probablement il obtiendrait sa liberté après deux ou trois mois de détention. Cette déclaration acheva de porter le désespoir dans l'âme de Charles; il adressa cependant plusieurs questions à ses gardiens, mais sans obtenir de réponse.

Concentré en lui-même, après avoir pleuré de rage, il réfléchissait aux différentes circonstances de sa vie, et se reprochait intérieurement ses inconséquences, persuadé, ainsi que le lui avait fait entendre Claudin, qu'il n'avait jamais songé à mériter l'estime, ni à se rendre digne de l'amitié de ceux qui s'étaient réellement intéressés à son sort; il se voyait abandonné de tout le monde, près de figurer sur le banc des coupables, sans appui, dédaigné du seul parent qu'il croyait avoir, et séparé pour la vie de la seule femme qu'il eût véritablement aimée.

La voiture roulait avec vitesse, lorsque tout à coup une voix de stentor ordonna au postillon de s'arrêter.

« Qui est-ce ? s'écria l'un des gardiens de Charles.

— Nous sommes quatre, et bien armés comme vous le voyez, répondit le même homme : cédez-nous le jeune officier que vous avez indignement arrêté, ou nous vous rayons de la liste des vivans. »

Charles ayant reconnu cette voix, s'écria à son tour :

« Mon ami, mon sauveur, mon cher Georges, tue ces coquins, tue-les : ce sont des misérables.

— Voyons, Messieurs, continua Georges à la portière, voulez-vous nous disputer votre proie ?

— Du tout, répondit le même montagnon ; nous sommes sans armes, et nous devons céder à la force : emmenez ce jeune homme, mais nous ferons notre rapport.

— Faites le diable si vous voulez, et qu'il vous emporte ! ajouta Georges, en déliant les jambes de Charles, qu'il aida ensuite à descendre de la voiture.

— Ote-moi ce bandeau, mon ami; délie mes bras, que je corrige ces brigands. »

Pendant que Georges feignait des difficultés pour débarrasser son ami de ses liens et de son bandeau, l'équipage s'éloignait; Charles, recouvrant l'usage de ses facultés, se vit dans les bras du bon Knopf, entouré de quatre paysans armés de fusils, de sabres et de pistolets. Après avoir embrassé son libérateur : « Quoi! tu as, lui dit-il, la bonté de laisser échapper ces pandoures sans les étriller?

— Il ne faut pas empirer notre affaire, répliqua Georges; elle n'est déjà que trop mauvaise. Hâtons-nous de regagner mon village avant qu'on nous poursuive : vous, mes amis, regagnez vos habitations le plus secrètement possible. » Les paysans s'éloignèrent, et Charles suivit son ami. Chemin faisant, Georges lui raconta que la veille il avait reçu une lettre de Durand qui, lui annonçant son mariage avec Lucie, l'engageait à venir lui servir de témoin à Poligny, où la cérémonie aurait lieu pendant la nuit; lui apprenant ensuite que M. de Régensbourg devait être en ce moment arrêté, et que probablement il passerait dans une heure sur la route de Lons-le-Saulnier, où on le faisait conduire pour être confronté avec son dénonciateur. « D'après cela, mon cher Charles, tu sens que je ne pouvais rester en repos. Quittant bientôt les nouveaux mariés, je me suis adjoint quelques vignerons de ma connaissance, et j'ai volé à ton secours. Grâce au ciel, le voilà libre ! »

CHAPITRE X.

Georges continuait à marcher précipitamment vers le village de Monnaie, en feignant de ne pas remarquer l'agitation, les larmes mêmes de son cher élève ; celui-ci fut quelques instans sans lui parler, tant son cœur était oppressé par la certitude de son malheur; incapable cependant de se contenir plus long-temps, il demanda à son ami comment il avait pu se décider à servir de témoin à Durand, à seconder les desseins de ce misérable qui venait de lui ravir toutes ses espérances.

« M'aurait-il trompé! répond Knopf. Ne dois-tu pas épouser une demoiselle Frieden ?

— Le scélérat! eh! crois-tu que je pouvais jamais aimer une autre que Lucie? ne t'avais-je pas répété dix fois, dans mes lettres, que je n'avais d'autres désirs que de m'unir, pour jamais, à son sort? ne m'avais-tu pas fait espérer à ton tour, que tu obtiendrais l'assentiment de son père? Pouvais-tu douter de la sincérité de mon amour, lorsque, depuis cinq ans, j'ai gardé le souvenir de celle que j'adore? Et elle est l'épouse d'un autre !.... Quelle horrible pensée!...

Je ne resterai pas plus long-temps en France : je sais que les officiers français sont accueillis au Mexique ; j'irai dans ce pays, je m'y ferai tuer, ou j'oublierai mademoiselle de Surville, son coupable père, et l'indigne Durand..... le traître ! que ne puis-je le joindre avant mon départ !..... »

Charles ne se contenait plus ; tous ses traits exprimaient l'exaspération et la douleur de son âme. Georges jetait de temps en temps un regard sur son malheureux compagnon, et détournait aussitôt la vue, comme s'il ne pouvait soutenir le spectacle de sa souffrance.

« En vérité, mon cher ami, je n'aurais jamais pensé que cette jeune fille eût pris un tel empire sur toi, le plus léger, le plus inconstant, comme le plus aimable étourdi de notre armée ! Diable ! où as-tu puisé l'idée d'une passion, et pour une jeune personne qu'on destinait depuis long-temps à un valet, tandis que tu n'as qu'à te montrer, pour

que mille autres plus dignes de toi ,
soient offertes à tes vœux ? Tiens , je pa-
rierais , entre nous , que tu seras bientôt consolé.

— Non , Georges , jamais!..... »

Ils arrivèrent bientôt au village de
Monnaie.

Le *factotum* de Georges , ancien hussard , devenu son jardinier , plaçait , en
ce moment, sur la tête d'une villageoise
des environs , un panier de légumes re-
cueillis dans son jardin , que celle-ci
devait aller vendre à la ville prochaine.
Lorsque nos deux officiers parurent ,
cette femme , prête à quitter le seuil de
la maison , fit un mouvement pour se
détourner , et sa charge mal assurée
tomba en partie sur les épaules de
Knopf.

« Maladroite! lui dit-il , en se mettant
à ramasser les choux et les carottes. Puis
considérant la figure de celle qu'il apos-
trophait : Que vois-je! madame Gorgerousse!..... »

A ces mots, le panier tomba sur le pavé.

« Vous vous trompez, Capitaine, dit l'ancien hussard, cette femme se nomme Georgette ; voilà quatre mois que, tous les matins, je lui vends nos légumes. Il est vrai que j'ai cru d'abord qu'elle vous connaissait, car elle ne manque pas un seul jour de s'informer de votre santé ; mais elle m'a dit qu'elle ne vous avait jamais vu, et qu'elle n'oserait vous parler si elle vous rencontrait.

— Godfrid, conduis Monsieur dans la chambre verte : va, mon cher Charles, je te rejoindrai bientôt. »

Georges, resté seul avec Henriette à l'entrée de sa demeure, la considérait avec une émotion pénible, mêlée de surprise. Après un instant donné à mille idées confuses, il rompit le silence :

« Dois-je croire, Madame, que de nouveaux malheurs.....

— Hélas! Monsieur, vous me voyez

plus à plaindre que jamais. Lorsque, par vos soins, mon époux, rendu à la liberté, recouvra une partie de sa fortune, il voulut, contre mon gré, demeurer dans la Capitale, où j'avais été le rejoindre. Désirant réparer les pertes qu'il avait essuyées, il se livra à plusieurs spéculations sur le cours des effets publics, et comme il avait affaire à ces gens, nombreux à la bourse, qui exposent ce qu'ils n'ont pas, il finit par se ruiner entièrement. Que vous dirai-je!..... le chagrin et une fièvre cérébrale l'enlevèrent en quarante-huit heures..... Vous aviez refusé de nous voir après les éclatans services que vous nous aviez rendus : je ne pouvais donc recourir à vous dans l'état de misère auquel je me trouvais condamnée. Du moins, je voulais connaître votre sort sans m'exposer à votre pitié : ayant appris votre adresse, j'ai rassemblé les débris d'une opulence, chèrement achetée!.... et suis venue m'établir à Scellières, près de ce village, sous le

nom de Georgette,..... nom qui doit
éternellement me rappeler à mes regrets
et aux sentimens de ma reconnaissance.
L'accident qui vient de me découvrir à
vos regards, m'enlève le seul bonheur
que je pouvais goûter encore : il faut
quitter ce pays..... »

Henriette avait terminé son récit, et
répandait d'abondantes larmes; Georges
cherchait à cacher son émotion, détournait la tête, n'osant répondre un seul
mot, dans la crainte de laisser échapper
les sanglots comprimés dans sa poitrine.
Cependant Henriette se disposait à partir, lorsque Godfrid vint annoncer à son
Capitaine que M. de Régensbourg venait
d'être saisi d'une espèce d'attaque de
nerfs, qui le mettait dans un état complet de démence.

« Ne voudriez-vous pas, cria Georges
à Henriette, ne voudriez-vous pas joindre vos secours aux miens, auprès de
Charles de Belmont ?

— De tout mon cœur, répondit ma-

dame Gorgerousse ; et tous trois mon-
tèrent dans la chambre verte. »

Charles semblait avoir perdu entièrement la raison ; placé sur son lit par
Godfrid , il se tordait les membres ,
frappait sa tête contre la cloison , appelait à grands cris Lucie et Durand , ac-
cablait M. de Surville des épithètes les
plus odieuses , accusait tous ses amis de
trahison , et semblait ne respirer que la
rage et la vengeance. De prompts secours
lui furent donnés par Georges et par
Henriette qui ne pouvait concevoir les
causes de cet accès : peu à peu le calme
se rétablit dans l'esprit du Chevalier qui,
accablé de lassitude, tomba bientôt dans
un état de faiblesse, qui fut suivi du
plus profond sommeil.

Madame Gorgerousse fut priée de rester dans la chambre, pour veiller sur
Charles ; elle y consentit avec joie, et
Knopf sortit pour se livrer à d'autres
soins.

Avant d'arriver au dénouement , nous

devons rendre compte de quelques faits antérieurs, que nos lecteurs vont connaître par la correspondance suivante :

Le capitaine Knopf à M. de Surville.

Monnaie, le 11 octobre 1823.

« Monsieur, j'ai passé une partie de
» ma vie à prouver mon attachement à
» votre famille : simple Maréchal des lo-
» gis, j'étais l'ami et le confident de votre
» frère; Capitaine, je le suis de même
» pour le fils qu'il m'a laissé. Retiré du
» service, j'ai renoncé à mon pays natal,
» et je me suis fixé dans le Jura pour y
» faire valoir la fortune du jeune de Bel-
» mont, qui peut s'élever à quinze mille
» livres de rente, dont le Marquis m'a
» confié la gestion par son testament.
» Charles est aujourd'hui d'un grade plus
» élevé que le mien, et un fort beau ca-
» valier, digne de la croix qui brille sur sa
» poitrine; il s'est montré dans toutes les
» occasions un des plus braves officiers

» de notre armée. Le hasard lui a fait
» rencontrer mademoiselle de Surville,
» qu'il ne connaît pas pour votre fille,
» mais dont il est vivement épris. Je dois
» aussi vous dire que notre jeune homme,
» jusqu'à ce jour, a soutenu la réputation
» de son père; c'est-à-dire, qu'auprès
» des femmes il n'a songé qu'à son plaisir,
» et que son plaisir a toujours été l'in-
» constance : je crois pourtant que cette
» fois il est amoureux pour tout de bon,
» car il n'est rentré en campagne que de
» fort mauvaise humeur. Faites-moi donc
» savoir vos volontés à ce sujet. En atten-
» dant, je garderai le secret sur toute
» cette affaire.

» Je suis, Monsieur, votre tout dévoué,

» GEORGES KNOPF. »

M. de Surville à M. de Leu.

Vienne, ce 25 avril 1814.

« Mon cher Robert, j'ai appris il y a
» déjà long-temps que mon neveu existe

» encore, et qu'il désire obtenir la main
» de sa cousine ; ainsi, quelles que soient
» les qualités et la fortune du chevalier
» de Régensbourg, n'accueillez aucune de
» ses démarches, et disposez Lucie à sui-
» vre mes volontés ; elle épousera le jeune
» de Belmont, qui lui fut destiné dès sa
» naissance. Où trouverais-je d'ailleurs
» un sang plus noble que celui de ma
» race? à qui dois-je une honorable pré-
» férence, si ce n'est au fils de mon frère?

» D'après ce que vous me dites des pa-
» piers que vous a remis ce monstre de
» Delval, il me sera facile de prouver mes
» droits de possession sur le domaine du
» Jura. Ce bien n'ayant pas été réellement
» vendu, doit revenir à son ancien pro-
» priétaire : la fraude de Lazare sert mer-
» veilleusement mes intérêts. »

Le surplus de la lettre de M. de Surville ne contenant que des réflexions politiques, nous nous abstiendrons de la
copier en entier. Elle se terminait par
ces mots :

« Enfin le colosse est tombé : dans
» peu je compte vous embrasser sur les
» bords du Doubs.

» Votre oncle et votre ami, etc. »

*M. le comte de Surville au capitaine
Knopf.*

Strasbourg, le 15 août 1815.

« Monsieur, j'espérais vous voir en
» 1814. N'ayant point répondu à votre
» lettre du 11 octobre 1813, que je n'a-
» vais reçue que six mois après cette
» date, je voulais réparer le temps perdu
» en vous entretenant personnellement de
» l'objet de notre correspondance ; mais
» les nouveaux événemens m'en ont em-
» pêché. Maintenant je reviens définiti-
» vement reprendre mon rang au sein de
» ma patrie et de ma famille. Trouvez-
» vous dans trois jours, avec mon neveu,
» chez M. de Leu, où j'arriverai le 18 du
» courant. Là, vous me rendrez compte

» de la fortune de M. de Belmont, et
» nous conviendrons de nos faits.

» Je vous salue avec estime,

» Le Comte DE SURVILLE,

» Lieutenant-général, etc.

Georges reçut cette lettre après la visite qu'il avait faite aux habitans du Clos. Il fut surpris du ton impérieux qui y régnait, et résolut de ne pas satisfaire au rendez-vous, mais d'attendre chez lui la visite de M. de Surville, certain, d'après les confidences qu'il avait reçues de Robert, sans lui en avoir fait aucune, qu'on en viendrait toujours là. Ce fut dans le premier instant d'humeur qu'il écrivit à Charles de renoncer à son amour et de se rendre à Monnaie, où il l'attendait. Cependant le Comte, de retour en Franche-Comté, s'étonnait de ce que M. Knopf ne se fût point rendu à son invitation. Sans parler davantage à Robert de ses projets pour Lucie, il engagea Durand à partir pour le village du Capitaine, distant de dix lieues des monts qu'il habitait, et de s'assurer du motif de ce retard. L'ancien piqueur arriva bientôt à Monnaie, et entra de suite en conversation avec Georges.

« Bonjour, Capitaine.

— Bonjour, Monsieur.

— Vous ne me connaissez pas ?..... Je me nomme Durand, l'ancien piqueur de M. de Surville.

— Soyez le bienvenu : M. le Comte et Robert m'ont parlé de vous ; touchez là ; je sais que vous êtes un honnête homme.

— Vous me faites bien de l'honneur ; l'estime des gens de bien est la meilleure récompense qu'on puisse attendre de sa conduite.

— Holà, Godfrid ! des verres, du vin, la tourte ;..... asseyez-vous, Monsieur.

— Vous devinez sûrement ce qui m'amène ?

— Je m'en doute.

— Le Comte s'étonne de ce que vous ne venez pas le voir.

— Je me suis étonné le premier de la manière dont il s'y est pris pour m'engager à cette démarche.

— Il aura peut-être un peu fait le Comte?

— Voici sa lettre.

— Je le reconnais là, dit Durand après l'avoir parcourue; mais au total c'est le meilleur des hommes.

— Je lui prouverai, quand il le voudra, par le testament du Marquis, son frère, à qui j'eus le bonheur de sauver deux fois la vie, que je n'ai de compte à rendre de la fortune de Charles qu'à ma seule conscience.

— Et c'est la meilleure hypothèque qu'on puisse désirer, M. Knopf, j'en suis sûr.

— Je vous remercie, M. Durand. Charles jouit déjà de ce qu'il ne devrait posséder entièrement qu'à ma mort; mais j'ai juré de lui tenir lieu de père, et je fais mon devoir.

— Cela est admirable, Capitaine.

— A table, M. Durand, nous cause-rons mieux.

— Volontiers.

— Goûtez d'abord de ce vin du cru.

— Il est excellent.

— Je vous en ferai boire du meilleur encore.

— C'est beaucoup dire..... Ah ça ! vous ne viendrez donc pas au Clos ?

— Non, M. Durand ; Charles, par l'attachement que j'ai pour lui, et les soins que je lui ai prodigués, est plus à moi qu'à son oncle : je ne peux le céder à des parens qui se croiraient déshono-rés en venant me voir. Que M. de Sur-ville consente à s'humilier en me rendant une visite qui n'est qu'une simple poli-tesse, et tout s'arrangera ; autrement je ne m'en mêle plus.

— Je ne vous blâme pas de cette réso-lution, M. Knopf, et j'espère que le Comte sentira, comme moi, l'inconsé-quence de sa conduite en cette affaire. Mais où est donc le Chef d'escadron ?

— Je le crois à Besançon; il rôde peut-être même dans les environs du Clos.

— Diable! s'il allait se rencontrer avec ce fou de Régensbourg.

— Ne craignez rien : ils ne se battront pas.

— Que voulez-vous dire?

— Puisque vous êtes de mon avis, je vous avouerai, en confidence, que Charles de Belmont et le chevalier de Régensbourg ne font qu'un.

—Serait-il vrai! Et pourquoi ce changement de nom?

— Il a acquis ce dernier par une action d'éclat; je vous conterai cela plus tard.

—Savez-vous, M. Knopf, que ce jeune homme n'a pas une trop bonne réputation auprès des dames?

— Je sais plus, c'est qu'il a mérité celle qu'il a.

— S'il allait faire le malheur de cette pauvre Lucie?

— Je l'ai craint d'abord; mais cinq

années d'épreuves me rassurent un peu.

— N'y aurait-il pas quelque moyen d'ajouter encore à cette espèce de conviction?

— De quelle manière?

— En opposant de nouveaux obstacles à ses projets. Sa future ne lui en deviendrait que plus chère, et son bonheur n'en serait que plus durable.

— Cela ne serait peut-être pas trop mal; voilà qui est décidé, M. Durand : faisons notre plan.

— J'y consens. »

Les deux personnages, dont les caractères honorent cette histoire, continuèrent à s'entretenir de la meilleure intelligence du monde; l'heure de minuit les ayant séparés, le lendemain, à la pointe du jour, Durand se remit en route pour le Clos: c'est alors qu'il fit la rencontre de Charles, déguisé en paysan.

M. de Surville, qui entretenait une correspondance avec Lorber, lui avait écrit de venir le voir en Franche-Comté;

St.-Paul, de son côté, avait engagé la famille Frieden à se rendre dans son pays natal; tous, après avoir rendu une visite au Clos, et ensuite à madame de Ligneville, avaient été retenus au château de cette dame pour assister à la fête donnée le jour de ses accordailles avec le Baron; l'exemple de ce mariage, et les prières multipliées des jeunes gens, avaient enfin vaincu la ténacité de M. Frieden; et le même jour vit se former une triple alliance. Les nouveaux époux, disposés à la joie, entrèrent avec empressement dans le plan de Durand, et firent éprouver à Charles la mystification dont nous l'avons vu l'objet, pendant que M. de Surville, dupe d'une fausse confidence, se dirigeait avec sa fille vers l'habitation du digne Capitaine, dans la demeure duquel nous allons revenir.

En quittant la chambre de son jeune ami reposant dans les bras du sommeil, Georges entra dans celle occupée par Durand.

« Je crains, mon cher Monsieur, lui dit-il, que la leçon ne soit beaucoup trop forte : il ne s'agit pas de tuer les gens pour les corriger.

— Qu'est-il donc arrivé, Capitaine ? En effet, j'ai entendu des cris épouvantables, et M. de Surville m'a déjà fait demander ce que ce pouvait être.

— Charles vient d'avoir un tel accès de délire, que je crains encorepour sa vie ou sa raison.

— Avez-vous envoyé chercher un médecin ?

— Oui, sans doute, et dans une demi-heure il sera ici. Voilà les agrémens de la campagne : on peut mourir sans ces gens-là !

— Eh bien ! M. Knopf, il faut terminer notre épreuve le plus tôt possible.

— C'est mon avis ; mais il ne faut pas lui apprendre trop brusquement que ses désirs sont accomplis : j'ai entendu dire qu'on peut mourir de joie.

— Ne voulez-vous pas attendre les amis du Clos ? Qui est maintenant auprès du jeune homme ?

— Qui est auprès de lui !..... une femme que vous connaissez ; autrefois madame Germain, devenue ensuite madame Gorgerousse, aujourd'hui veuve une seconde fois.

— Et prête à enterrer un troisième mari apparemment. Parbleu ! il faut que je revoie cette ancienne camarade.

— Écoutez, M. Durand, n'allez pas la railler ; elle n'est pas heureuse. Rendez-moi plutôt un service : faites-lui accepter ce billet de cinq cents francs, comme venant d'une personne inconnue qui vous charge de distribuer ses dons ; dites-lui que tous les ans, à la même époque, elle recevra la même somme.

— D'où vient cette générosité ?

— Faites-moi ce plaisir, M. Durand, et ne m'interrogez pas.

— Je vais la faire demander par God-

frid, car je ne dois pas encore me montrer à mon rival. »

Une grande partie du jour était écou-
lée; le médecin avait vu Charles; une
potion calmante lui avait été adminis-
trée : il dormait alors de plus belle, et
tout faisait pressentir un réveil satisfai-
sant. Tout à coup plusieurs voitures se
firent entendre; des claquemens de
fouets annoncèrent l'arrivée de la compagnie; Georges, courant au devant
d'elle, invita tout le monde à garder le
plus grand silence, et à se rendre dans
l'appartement occupé par le Comte, qui
venait enfin d'être prévenu de tout ce
qui s'était passé; Lucie seule ne savait
ce qu'elle devait concevoir des *a parte*
et des airs mystérieux qu'elle remar-
quait autour d'elle; néanmoins, les cris
de Charles, dont elle avait reconnu la
voix, et le ton radouci de son père, depuis un entretien particulier qu'il avait
eu avec Durand, lui faisait présager

quelque chose d'heureux, mais qu'elle n'osait encore s'expliquer.

Durand, après sa conférence avec madame Gorgerousse, était allé trouver Georges dans la salle du rez de chaussée, et lui apprit qu'elle avait positivement refusé le secours qu'il lui avait offert, sous prétexte qu'elle ne pouvait se résoudre à contracter d'obligation envers une personne inconnue.

« Eh bien ! dit Georges, en reprenant le billet, vous lui avez peut-être fait entendre que cette somme était offerte par moi.

— Non, j'ai dû plus que jamais respecter votre secret, lorsque j'ai connu le sien.

— Elle vous a confié.....

— Toute sa vie, M. Knopf.

— Quel était son dessein, en venant habiter ces environs ?

— Je ne puis que le deviner, car c'est la seule chose qu'elle ne m'ait point expliquée.

— Et vous supposez.....

— Je suppose qu'elle vous aime plus qu'elle n'a jamais aimé personne, et que, malgré sa figure toujours fraîche, ses yeux toujours brillans, et cet air de jeunesse, qui nous volent la moitié de son âge, elle mourra veuve, si l'homme dont elle trompa les espérances, ne lui pardonne son infidélité.

— M. Durand, reprit Georges, les yeux remplis de larmes, cette femme a fait le tourment de toute mon existence ; elle bouleverse encore aujourd'hui mon cœur et ma raison ; je ne sais à quelle résolution m'arrêter :....,. je suis comme un enfant, sans force, sans caractère ; dites-moi, que feriez-vous à ma place?

— Ce que vous me demandez là m'embarrasse : je ne me suis jamais vu très-amoureux, et.....

— Allons, je vois que j'aurais tort de l'épouser.

— Je ne dis pas cela.

— J'aurais donc raison ?

— Peut-être.

— Expliquez-vous.

— Voici franchement ce que je pense : c'est qu'il faut vous marier, si vous voulez que votre vieillesse soit moins triste que celle d'un ermite. Vous avez des blessures, vous aurez des douleurs ; il vous faudra une gouvernante ou garde-malade : mieux vaut que cette femme soit à vous qu'à un autre. Henriette vous plaît ; eh bien ! prenez Henriette : elle est pauvre, vous aurez le mérite de faire une bonne action, chose à laquelle on ne doit jamais être insensible.

— Je ferai donc bien de l'épouser ?

— Le plus tôt possible, car elle va partir.

— M. Durand, priez-la de rester encore une heure.

— Je vous entends, je vais la disposer. »

A peine Durand quittait-il Knopf, que celui-ci vit un char-à-banc s'arrêter dans la cour ; trois personnes en descendirent : Fritz et Bernard , décorés des insignes de commandans, accompagnés du curé , oncle de Bernard. Il se précipita hors de la maison, et, au comble de la joie, se jeta dans les bras de son frère ; il accueillit aussi avec amitié les deux autres voyageurs. Il s'empressa de les faire entrer avec Fritz, et de les conduire au milieu de la nombreuse assemblée : M. de Surville, auquel les rapports existans entre le Curé, Fritz et sa famille, avaient été racontés, les reçut avec la plus grande bienveillance.

Georges quitta la compagnie pour s'occuper des préparatifs du dîner; une table de vingt couverts fut dressée dans la salle du rez de chaussée, et deux tonneaux, pleins d'un excellent vin, furent mis dans la cour, à la disposition des pauvres du village. Ayant ainsi tout disposé, et, après avoir consulté le médecin, il se rendit dans la chambre de Charles, qui avait dormi depuis près de douze heures, et ordonna à Godfrid , ancien trompette dans son régiment, de sonner le *boute-selle*. Charles s'éveilla subitement, sauta en bas de son lit, et, fixant la figure rayonnante de joie de son vieux camarade, lui demanda ce que signifiait cette fanfare.

« Tu ne comprends pas! mon cher Charles, c'est la trompette du jugement; mais rassure-toi : tu vas être placé au nombre des bienheureux.

— Que veux-tu dire?

— Que tes meilleurs amis et moi, nous avons voulu nous venger de toutes les sottises que tu nous a faites pendant ta vie, et que nous allons te conduire à la dernière. Suis-moi : il ne faut jamais faire attendre les Dames. »

En prononçant ces mots, il l'entraîna hors de son appartement et le fit descendre un étage; la porte du salon s'ouvrit tout à coup avec fracas, et, poussé par les épaules, Charles fut lancé par Georges au milieu du cercle de ses amis, qui tous partirent d'un grand éclat de rire, en voyant le costum villageois, l'air moitié colère, moitié confus du Chef d'escadron. M. de Surville, s'avança aussitôt vers son neveu, et lui dit du ton le plus sérieux :

«M. le marquis, car tel est aujourd'hui votre titre, vous voyez en moi le comte de Surville. Puis-je espérer que vous voudrez bien vous charger du bonheur de Lucie?

— Serait-il vrai! s'écria Charles hors de lui-même.

— Oui, mon neveu, je vous offre l'objet de votre affection, avec l'assurance qu'elle répond à votre tendresse, et qu'elle en est digne. »

Lucie, cachée parmi les Dames de la compagnie, cherchait à dérober sa rougeur et les vives émotions de son âme. Son père, conduisant Charles auprès d'elle, vint lui prendre la main, qu'il réunit à celle de son amant. Charles, énivré de l'excès de sa félicité, ne trouvait pas d'expression pour la peindre, et portant avec transport la main de sa cousine sur ses lèvres, vingt baisers se succédèrent. En cet instant, Georges, ayant réclamé le silence, annonça qu'un nouveau couple allait se présenter aux regards de la joyeuse réunion : il sortit alors, et rentra, conduisant madame Gorgerousse par la main.

« Permettez-moi, Messieurs et Mesdames, de vous présenter madame Knopf. »

L'arrivée imprévue de Henriette, ainsi que sa toilette champêtre, produisit la plus grande surprise ; Durand prit alors la parole :

« Madame prend un mari qu'elle trompe de la manière la plus affreuse, car elle se dit pauvre, et je sais qu'elle possède quinze mille livres de rente, dont elle ne voulait faire la déclaration qu'au moment de la célébration de son nouveau mariage ; mais le Capitaine a donné sa parole, et c'est un contrat.

— C'est bien cela, ajouta Fritz, pendant que son frère restait étonné de cette déclaration. Vous rappelez-vous, Madame, de ce que nous disions dans la salle du conseil, concernant ceux qui manquent à leur promesse?

— Oui,..... oui,..... Monsieur, répondit Henriette en balbutiant. Je vous en prie, ne parlons plus de ce temps-là : les femmes et les hommes d'aujourd'hui valent bien mieux qu'à cette époque. »

Godfrid vint annoncer que le dîner était servi, et chacun se rendit, avec sa compagne, dans la salle à manger.

CONCLUSION.

Tous les amis réunis partirent le lendemain pour le château de madame de Ligneville, où les quatre mariages, sanctifiés par le bon curé Morel, eurent lieu le même jour.

M. de Surville rentra dans une portion considérable de ses biens ; il s'établit avec les deux jeunes époux dans le château de ses ancêtres, où il vit heureux, parce qu'il ne prend aucune part aux affaires politiques.

Charles est très-constant, malgré les fréquens voyages qu'il fait dans la Capitale, où il ne conduit jamais son épouse, qui se trouve on ne peut plus satisfaite de sa conduite. Charles d'ailleurs est un galant homme,......

Knopf fait le bonheur de tout ce qui l'entoure; sa femme a pour lui les plus tendres soins. Durand a perdu son père, et vient d'unir sa fortune à celle de Georges; ils ne se quittent jamais : trop de qualités essentielles cimentent leur amitié pour qu'elle puisse se dissoudre.

Robert et Thérèse offrent toujours l'image de l'union la mieux assortie; ils vivent dans l'intimité avec M. et madame de Gallina, qui a pris en partie les goûts de son mari, et devient d'une corpulence inquiétante : le Baron, du reste, accablé de son propre poids, ne marche plus.

La famille Frieden et Lorber ont transporté leur fortune en France; réunis avec St.-Paul, ils demeurent tous à Paris où ils offrent un exemple parfait des vertus et du bonheur domestiques. Cet exemple ne fait cependant que peu de prosélytes : dans une grande ville, on ne remarque guères que les vices transcendans : la bonté modeste, les qualités essentielles du cœur, frappent rarement les êtres superficiels.

Nous apprenons que le fameux Gift, après avoir acquis une fortune considérable, en faisant les métiers de dénonciateur et de mouchard, ensuite celui de fournisseur, vient de commettre une petite erreur qui le relègue aux bagnes de Rochefort pour le reste de sa vie. Il est juste que chacun reçoive la récompense de ses actions.

FIN.